No.1アナリストがいつも使っている投資指標の本当の見方

大和証券チーフクオンツアナリスト
吉野貴晶

日本経済新聞出版社

はじめに

株式相場が良くなってくると、書店に投資本が増えます。しかし、読んでも役に立たないものが少なくありません。

たとえば、投資指標の計算式が羅列されているだけで、どんなときに、どの指標を使うのかがわからなかったり、一般の投資家には理解が難しいポートフォリオ理論などを説明していたり、さまざまなケースがあります。

この本は、みなさんが現実に株式投資をする際に、どのような場面で、どのような投資指標を使って、どう銘柄を選んでいくべきか、投資のプロが実際に使っている手法をもとに解説するものです。銘柄を選ぶための実践的な内容です。

みなさんが資産運用を行う際は、大きく３つの方法があります。

１つめは、いろいろ考えるのが面倒だし、よくわからないので、何か特別なことがない限り預けたお金は戻ってくるものの、低金利であまり増えることが期待できない一般の預金を利用する方法です。

２つめは、将来どのような世の中になるかを予想して投資する方法です。たとえば、外貨預金だったら、日本より金利が高い国に預金することができますが、為替レートがとても重要です。円安になれば海外に預けた資産は評価額が増えますが、円高になれば評価額が減るため、金利が高いメリットなど吹き飛んでしまうかもしれません。そのため、外貨預金では、将来の為替の予想が重要になります。

３つめは、投資対象が実際の価値よりも安く評価されているかどうかを探る方法です。２つめの将来を予想する方法とこの方法は、まったく切り離して考えられるものではありませんが、こちらの方がより収益をあげる確実性が高い投資と言えます。

たとえば、２００５年８月、小泉純一郎内閣が突然、衆議院を解散して自民党が大勝し（郵政解散）、年末に向けて大きな上昇相場となりました。また、２００８年９月にはアメリカの証券会社、リーマン・ブラザーズが破綻して、世界中の金融相場が激震に見舞われました（リーマンショック）。２０１１年３月には東日本大震災が発生し、株式相場が大きく動揺しました。

投資のプロも、こうした事態は予想できません。将来を考えることはとても大切ですが、予想外のさまざまなイベントが起こるため、なかなか予想は当たらないということを頭に入れておく必要があります。

これに対して、この本で紹介するのは、足下の株価が上がりすぎていないか、あるいは下がりすぎていないかを、会社の価値と比較して判断する方法です。

序章では、実際に株式投資をするうえで、みなさんがとるべき投資姿勢を示しています。投資をする際には、次の４つの期間設定を考えます。①１年未満の短期投資、②１年から３年未満の中期投資、③３年から７年未満の長期投資、そして④７年以上の超長期投資です。これらの投資期間は、これからお金を使うニーズに合わせて考えるとよいでしょう。

続く第１章では、もっとも基本となる投資指標の意味と使い方を解説します。みなさんのなかには、銘柄の選び方を早く教えてほしいと思う人もいるかもしれません。しかし、ここでは、投資指標の計算式や定義のみを解説しているわけではありません。銘柄を選ぶ際の基準となる値をあげて、どのように使うべきか具体的に紹介しています。投資指標ごとに項目を分けていますので、興味があるところから読み進めることも可能です。

なお、投資指標の説明のなかで、「日経会社情報」の誌面を使っている部分があります。「日経会社情報」は日本経済新聞社が刊行する投資情報誌で、３カ月に一度、３、６、９、12月に発売されます。約３６００の上場銘柄すべてが掲載されており、主な投資指標が網羅されているので、銘柄選びに役立つでしょう。

第２章以降では、景気局面や投資期間に合わせた最適な投資指標の使い方を解説しています。ここで取り上げる投資指標の意味がわからなくなった場合は、第1章の解説に戻って、理解を確かなものとするとよいでしょう。

第2章は短期投資での銘柄選別方法、第3章は中期投資、第4章では長期と超長期投資での銘柄選別方法を示しています。短期投資を考えている人、長期投資を考えている人などさまざまだと思いますが、自分の投資期間とは異なる章もぜひ読んでみてください。短期投資のノウハウが中期投資や長期投資に活きることもあります。また、「これまで短期投資を行ってきたが、中期投資の方が合っているのではないか」などと、新しい発見があるかもしれません。

この本が、みなさんの銘柄選びのお役に立てば幸いです。

２０１５年5月

吉野 貴晶

・本書の内容は、すべて筆者の個人的な見解です。所属する団体の見通しや意見とは関係がありません。
・本書は株式投資の参考となる情報の提供を目的としており、特定の金融商品の推奨や投資勧誘を意図するものではありません。最終的な投資の判断は、ご自身の判断と責任で行ってください。

目次

第2章 短期投資で勝つ指標の使い方

【　序章　】

投資指標を使った投資の威力

投資指標をどう使えばよいか

サラリーマンをしていてもなかなかお金持ちにはなれそうにないし、会社を立ち上げるといっても特にプランもノウハウもない。では、株式投資で一発儲けられないか、と考える人もいるでしょう。

しかし、株式投資はそれほど簡単に儲けられるものではありません。ただし、会社の価値をきちんと考えると、高い確率でリターンが得られます。これから本書でその方法を紹介していきますが、このことは過去のデータの検証からも裏付けられています。

銘柄を選ぶ際は、なんとなく夢を買いたくなる人も多いでしょう。たとえば、オリンピックがあって建設需要が高まりそうだから建設株を買う、などとさまざまな想像をめぐらせる投資方法がよく行われます。

しかし、筆者はこのような方法よりも、地味かもしれませんが、投資指標を使った投資をおすすめします。夢を買いたくなってある会社に狙いを定めても、株価にそのような投資家の期待がすでに反映され、割高になっている可能性があります。夢を買いたい株式投資だからこそ、ほかの人と一味異なる投資指標を活用したアプローチが効果的なのです。

有名な相場格言の1つに、「人の行く裏に道あり　花の山」というのがあります。株式市場で利益を得るためには、他人とは逆の行動をとらなくてはならないという意味です。本書で紹介する投資指標を積極的に使う方法は、逆とまでは言いませんが、多くの投資家とは少々異なると言えます。

世の中には、さまざまな株式投資の解説書があります。ＰＢＲ（株価純資産倍率）やＰＥＲ（株価収益率）などの投資指標について、算出方法や意味を説明する本はたくさんありますが、どのような場面で、どう使えばよいかが書かれているものはほとんどありません。たとえば、ＰＢＲやＰＥＲは低い方が良く、配当利回りは高い方が良い。ＲＯＥ（自己資本利益率）も高い方が良い、などと、指標ごとにそれぞれ魅力的な水準が示されていたりします（個別の投資指標の意味や使い方については、第1章で詳しく解説します）。

しかし、これでは使い物になりません。すべての指標が良い銘柄は存在しません。通常は、ＰＢＲが低く割安に放置されている銘柄は、ＲＯＥも低かったりします。また、経常増益率が高い銘柄は、すでにＰＥＲが割高になるまで買われていたりします。

であれば、どれか1つ、もっとも有効な投資指標を基準に銘柄を選べばよいと思うかもしれません。しかし、どの投資指標が有効かは、投資期間や投資環境、景気局面によってまったく異なります。

本書は、①どのような期間で投資するときに、②どのような指標を、③どのように組み合わせて銘柄を選んでいくべきかを解説していきます。

▶投資期間の決定が何よりも重要

お金を貯めよう、あるいは投資しようと考えるとき、まず、証券会社や銀行に預ける金額を決めますね。これを決めるのとまったく同じくらい重要なことが、投資期間を決めることです。本書で取り上げる日本株への投資だけでなく、外国債券など海外資産に投資する場合でも、あらかじめ投資期間を決めておく必要があります。なぜでしょうか。

投資期間を設定するということは、投資したお金をいつ現金に換えるか決めるということです。たとえば、5年後に車を買い替える計画を立てたとします。手持ちの現金２００万円を株式投資に投入する場合、期間は5年です。このように、投資期間を設定します。5年後までにお金を増やせれば、高級車に買い替えられるかもしれません。

株式投資をする際の心構えで、一番危険なパターンは次のような考え方です。「損が出ても、売らなければ確定しない。長く持っていれば、そのうち値上がりするかもしれない。上がったら売ればいい」

このように考えるのは楽なのですが、リスクから目を背けているだけです。投資期間を定めないことで、株価が下がってしまうかもしれないリスクに意識を向けないようにしています。投資期間を決めることは、株式投資をするうえでもっとも大切なことなのです。投資期間によって、どのような株に投資するのが良いか、また、どのようなスタンスで売買にのぞむかが大きく異なります。

次の4つの期間の設定をおすすめします。

①1年未満の短期投資
②1年から3年未満の中期投資
③3年から7年未満の長期投資
④7年以上の超長期投資

7年以上の期間はひとまとめにしています。7年以上と言えば、10年を超える期間をイメージする人もいるでしょう。ただ、10年一昔と言われるように、10年もたつと、経済や投資の環境が変わってしまいます。ひとまず7年を最長の期間とするのが良いでしょう。ただし、こうした投資期間は、あくまでも目安として考える程度で十分です。それぞれの投資期間に合わせたリスクを認識すること、投資期間別に適切な銘柄選別や運用の方法をとることが重要です。

結論から言うと、超長期の投資ならＰＢＲを使った戦略が良いですし、中期の投資ならＰＥＲを使った戦略が良いでしょう。短期投資であれば、足元の景気局面に合わせて、もっとも適切な投資指標を選びます。この点は第2章で詳しく解説します。

銘柄を選ぶ3つの方法

「貯蓄から投資」の時代を迎えて、投資教育がとても大切になっています。では、何を使って投資の勉強をするのが良いでしょうか。

そのような質問をすると、「まずは新聞を読め」とか、「テレビのニュースを見て、社会や経済の動きをよく知るように」などと言われたりしますね。確かにそういうことも重要でしょう。また、金利や為替と株価の関係、ニューヨークの株式市場と日本の株式市場の関係などを知ることが重要だと言われるかもしれません。さらに、ポートフォリオ理論など、もっと難しい話が出てきたりもします。

しかし、筆者のこれまでの経験からは、株式投資でもっとも重要なことは、そういうことではありません。

少々遠回りになりますが、まず、株式会社がどういうものかを考えてみましょう。

みなさんが会社を立ち上げようとしたら、どうするでしょうか。たとえば、ヨガスタジオを運営する会社を仲間と作るとします。まず、仲間でお金を出し合います。これが出資金となります。

株式会社にするなら、払い込んだ出資金に応じて株式を受け取り、株主になります。株主が出し合ったお金は、自己資本と言われます。自己資本で足りない部分は、銀行からの借り入れなどでまかないます。こうした負債も、株主への信用や、会社が行うヨガスタジオ事業への信用が裏付けとなっています。

ヨガの事業がうまくいって、２号店、３号店を各地に出店して、ビジネスを拡大していったとします。このように株式会社の規模が大きくなると、東京証券取引所（東証）などに株式を上場し、売買を市場で行いやすくします。こうなると、だれでも株式を買って株主になれます。

株主になるということは、少々大げさな言い方をすれば、ヨガスタジオ事業をスタートした出資者の意思を引き継ぐということです。

株式投資をする際、みなさんは当然プラスのリターン（儲け）を期待しますね。リターンを得るためには、先に述べた投資期間をきちんと設定したうえで、投資のタイミングを測り、株価が割安かどうかという企業評価をすることが大切です。いくら良い会社であっても、投資すべきタイミングでなければ、リターンを得ることは困難です。

本書は、こうしたタイミングの判断や企業評価ができるようにするためのものです。本書を使って投資する銘柄を選ぶには、次の３つの方法があります。

図表序-1　銘柄を選ぶ3つの方法

第1の方法

・投資環境や投資姿勢に応じたランキングを作る
→ランキングが高い銘柄に投資

第2の方法

①投資環境や投資姿勢に応じたランキングを作る
→ランキングの上位銘柄を選ぶ
↓
②関心が持てる銘柄に絞る

第3の方法

①関心がある会社を絞る
↓
②投資タイミングを投資指標で探る

第1の方法は、投資家のみなさんそれぞれの投資姿勢、投資期間などに応じて、本書で紹介する手法で抽出するランキングの上位銘柄を素直に買う戦略です。

第2の方法は、ランキングが上位のなかでも、自分が関心を持てる事業に絞って投資をする方法です。たとえば、先ほどのヨガスタジオの会社がランキングの上位に入っていた場合、あなたがヨガに興味があるなら株を購入する、という方法です。

第3の方法は、まず自分が興味を持っている事業をしている会社を絞り、投資するタイミングをはかる方法です。第2の方法とは順番が入れ替わっています。興味があるというのは、先ほどのヨガのように特定の事業ではなくとも、アベノミクス関連とか東京五輪関連とか、そういうレベルでも良いのです。

こうした銘柄に投資する際には、単に良い材料が出たから、あるいは足下の株価が上がってきたからといったことで株を買うのは要注意です。企業評価など合理的な根拠が、投資のタイミングをはかるうえでとても大切です。

投資指標はなぜ効果があるのか

ずいぶん昔の話になりますが、筆者が以前からお付き合いのある、ある投資家の方とＰＢＲについて議論をしたことがあります。

本書でも紹介していますが、ＰＢＲの２割ポートフォリオを分析しても、ＰＢＲ投資は長期的に有効な戦略です（１４７ページ参照）。

しかし、その投資家の方は、「ＰＢＲは本来、現実的ではない指標だ」と主張していました。ＰＢＲは、解散価値から見て割安かどうかを見る指標です。しかし、実際には、会社が解散することはほとんどありません。「なのに、解散価値を投資尺度にすることは現実的ではない」という意見です。言われてみると、そんな気もしますね。

しかし、現実には、ＰＢＲは解散価値をチェックするものとして広く使われていますし、投資指標としてとても高い効果があります。株価は、基本的には投資家が考える価値で動いており、ＰＢＲはその価値を測る尺度として信頼されているというのが、理論的な解釈です。

とはいえ、ＰＢＲがいつでも信頼できる投資指標というわけではありません。投資家は頼りにしていますが、その頼りとする人々の心が変化し、ＰＢＲの評価に自信が持てなくなるケースも出てきます。こういうときには、ＰＢＲは有効ではなくなります。

しかし、ＰＢＲが有効でないときは、ＰＥＲが有効になるケースもあります。人々の心理状況や景気状況などで、投資家が頼りにすべき投資指標というのは変わるのです。第２章では、特に短期投資を行う際に、足元の局面に応じて使うべき投資指標をお伝えします。

近年、機関投資家の間で、投資先の会社との対話が流行っています。投資家が経営へのはたらきかけを行うのです。投資家は、いつまでも受け身でいるわけにはいきません。ファンドマネージャのなかには、１兆円を超える資金を運用する人もいます。そうなると、１つの銘柄をたくさん保有することもあるので、その会社の行方を分析するだけではなく、その会社の魅力を高めるよう、株主の立場からはたらきかけていくのです。

このような時代のなか、まずは会社を理論的に評価することからスタートし、そのうえで会社と対話を行うケースも多いのです。今後、投資指標を使った企業評価の手法が、銘柄選別の方法としてさらに高い効果を発揮するようになると期待できます。

▼ＲＯＥは本当に重要か

こうした点で、最近、注目すべき動きがあります。

株式投資をするなら、良い会社に投資したいとだれしもが思うでしょう。では、「良い」会社とはなんでしょうか。

最近は、この「良い」を測るモノサシとしてＲＯＥ（自己資本利益率）への関心が高まっています。ＲＯＥは、「純利益÷自己資本」で求められます。詳しい説明については１３３ページに譲りますが、簡単に言えば、会社が株主から受け取ったお金（自己資本。株主資本とも呼びます）に対して、どの程度、利益を生んでいるか、を見るための指標です。

実際に受け取ったお金をうまく使って利益が多くなれば、ＲＯＥが高くなります。こうした会社は株主への利益還元がうまくできている会社なので、「良い」会社と言えるでしょう。

ＲＯＥが注目されるようになったのは、最近のことです。アベノミクスの長期成長戦略のなかで、日本企業の魅力を向上させることが示されていますが、その魅力を測る指標としてＲＯＥが重要とされています。

では、ＲＯＥが高ければ、なんでも「良い」会社なのでしょうか。2つの注意点があります。

1つは、ＲＯＥだけが良ければいいわけではない、ということです。成長戦略の一環として、経済産業省は1年半にわたって「持続的成長への競争力とインセンティブ～企業と投資家の望ましい関係構築～」プロジェクト（座長：伊藤邦雄・一橋大学大学院商学研究科教授）に取り組み、最終報告書が２０１４年8月に公表されました。これが伊藤レポートと言われるものです。そのなかで、資本効率革命がうたわれ、「8％を上回るＲＯＥを最低ライン」としました。

このような流れから、ＲＯＥが8％を上回れば良い会社という認識が、市場でも生まれています。しかし、ＲＯＥを高めることのみ重視すると、短期的な利益の追求に走ったり、適正な範囲を超えて負債比率を増やしたりするなど、さまざまな問題が出てきます。

つまり、良い会社を探すためには、ＲＯＥが高いというだけでなく、ＲＯＡ（総資産利益率）や経常増益率を見るなど、さまざまな角度からチェックする必要があるのです。

たとえば、学生時代に、国語、英語、数学、理科、社会の試験があったとします。5教科の試験をするのに、評価が社会だけで決まるとしたらどうでしょうか。ほかの科目の勉強をやめて、社会だけに勉強時間を使いますね。

同じようなことが、企業評価尺度としてのＲＯＥでも起きる可能性があります。ＲＯＥが高いというところだけで判断せずに、いろいろな指標から良い会社を選んでいく必要があります。

良い会社でも買ってはいけない場合

もう１つの大きな注意点は、ＲＯＥは良い会社の尺度になりえますが、その会社の株を買った方が良いかどうかは、別の観点の尺度が必要だということです。

会社が良ければ株も買った方が良いと思いますが、株価が高すぎたらどうでしょうか。たとえば、有名ブランドの時計があるとします。正確に時を刻み、デザインもすばらしい時計です。ただ、この時計が３００万円するとしたら、「高いな」と思う人がほとんどでしょう。

しかし、このブランドの本物の時計が、セールで10万円だったとしたらどうでしょうか。当然、買おうと思う人が出てくるでしょう。格安だからです。

重要なのは、株には値段（株価）が付いているということです。株価は、投資家の期待や評価で上がったり下がったりします。ＲＯＥが高い会社が良い会社としてもてはやされると、投資家の期待が高まり、株価が上がってしまいます。

良い会社だからといって、本来の株価より高く買ってしまったら、良い買いものをしたとは言えません。そこで、株価が実態より割安かどうかを測るモノサシ（投資指標）が必要になります。

ＲＯＥはとても重要です。ただし、ＲＯＥ以外にも重要な指標はたくさんあります。次の章からは、さまざまな投資指標の具体的な使い方を説明していきます。

コラム

貸借対照表と損益計算書

投資指標を使いこなすためには、会社が本決算や四半期決算で発表する決算書の基本をある程度知っておく必要があります。貸借対照表と損益計算書の大まかなイメージだけはつかんでおきましょう。

貸借対照表は、年度末の会社の状態を表すものです。つまり、ある時点の状況です。これに対して、損益計算書は、1年間、会社がどのように利益をあげたかの活動を見るものです。つまり、年間の活動状況です。家計簿の会社版と言えるでしょう。損益計算書に掲載される売上高と利益については、第1章のPERの項目を参照してください。

貸借対照表は、貸借を対照していると言うとおり、貸方（かしかた）と借方（かりかた）の2つに分かれています。

貸方は、会社が事業をするうえでお金をどのように調達しているのかを表しています。お金の調達には、借り入れなどの負債と、株主から調達する自己資本があります。負債は、利子がつく長期間の借り入れ、有利子負債が中心になります。日々の会社の

図表1　貸借対照表

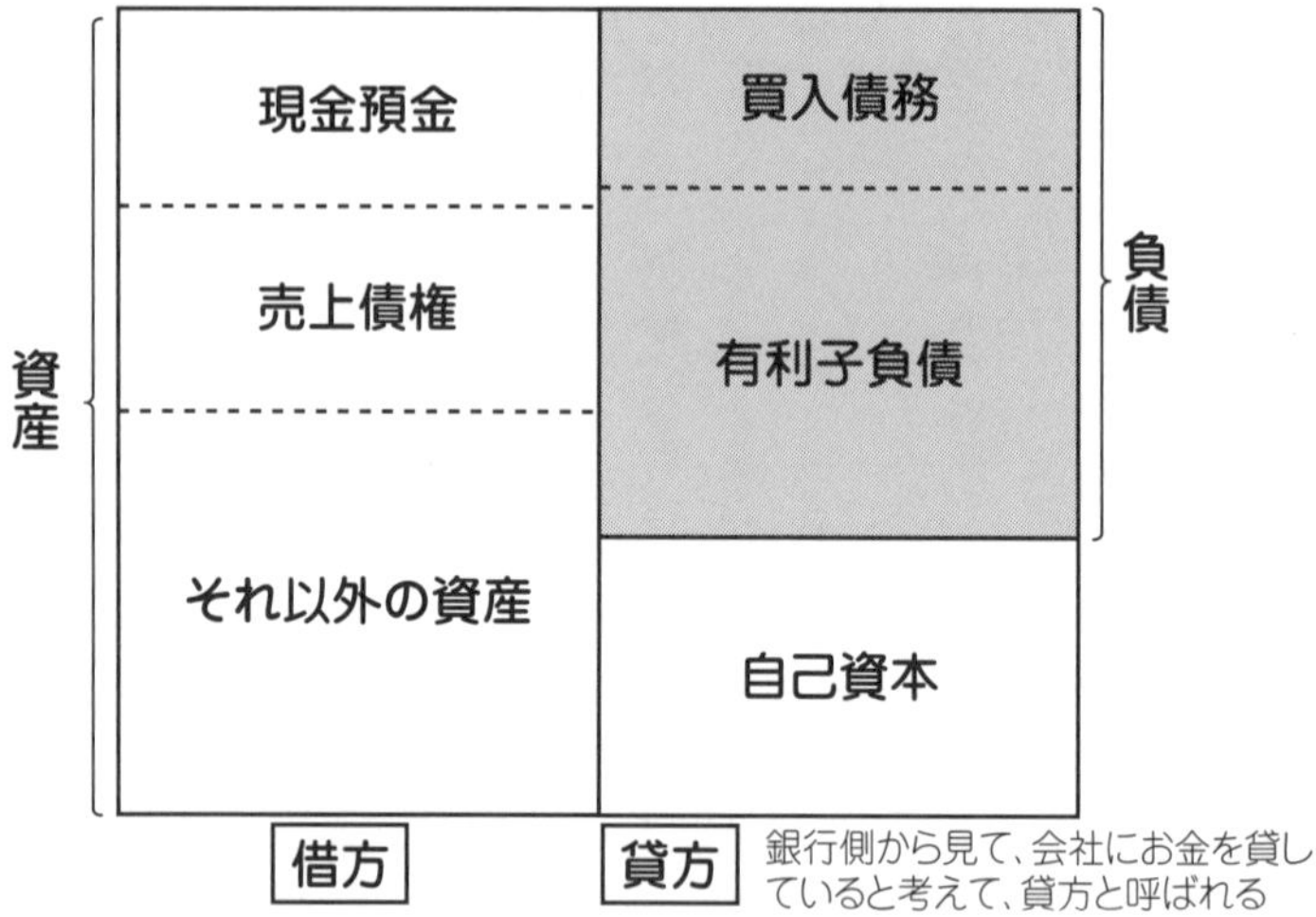

活動のなかでお金を借りている支払手形などは、有利子負債に入りません。ですので、貸方を上から見ると、買入債務、有利子負債、自己資本の順となります。

　ところで、このようにお話すると、疑問を感じる人もいるかもしれません。会社側からの借り入れなら、貸方ではなく、借方の方がイメージに合うのではないかということです。しかし、これらの呼び方は歴史的な背景があるようで、会社側から見て借りているということは、反対に、たとえば銀行側から見ると貸していることになるわけですから、貸方ととらえることができます。

それに対して、借方ですが、こちらは、現金預金、売上債権の順に上から並び、その下にそれ以外の資産となります。具体的には、資産は流動資産、固定資産、投資その他の資産と、上から順に並びますが、とりあえずは、現金預金、売上債権の順に上から並び、その下にそれ以外の資産というイメージを持っておきましょう。

貸方も借方も、上から順に、換金しやすかったり、借り入れの期間が短かったりという順に並んでいます。このような大まかなイメージを持っておくと、投資指標に対する理解も深まります。

【第1章】

投資指標の見方・使い方

第1章では、もっとも基本となる投資指標の意味と使い方を解説していきます。読者のみなさんのなかには、「そんな基本的な話はわかっている」「銘柄の選び方を早く教えてほしい」と思う人もいるかもしれません。

しかし、ここでは、投資指標の計算式や定義のみを解説しているわけではありません。銘柄を選ぶ際の基準となる値をあげて、どのように使うべきなのか、具体的に紹介しています。

第2章以降では、景気局面や投資期間に合わせた最適な投資指標の使い方を解説しています。そこで取り上げる投資指標の意味がわからなくなった場合は、第1章の解説に戻って、理解を確かなものとすることが大切です。

投資指標は、割安性指標、成長性指標、安全性指標とテクニカルの大きく4つに分類されます。図表1－1で、第1章で取り上げる指標を一覧にして掲載しました。

実は、ここで取り上げているもの以外にも、さまざま投資指標があります。全部で数百個に上るでしょう。しかし、そんなにたくさんの投資指標を知る必要はありません。プロの運用の現場でも、最終的にはわかりやすい投資指標が使われています。複雑な指標は解釈が難しく、どんなときに使えばよいか、プロもわからなくなってしまうことが少なくないからです。

図表 1-1　投資指標の一覧

（□がゼロかマイナスのときは計算できない）

1．割安性：企業の割安度を測る

$$\cdot\ \text{PBR}=\frac{\text{株価}}{\boxed{\text{1株当たりの純資産（自己資本）}}}$$

$$\cdot\ \text{(予)配当利回り}=\frac{\text{1株当たりの予想配当金}}{\text{株価}}$$

$$\cdot\ \text{(予)PER}=\frac{\text{株価}}{\boxed{\text{1株当たりの予想純利益}}}$$

$$\cdot\ \text{(予)PCFR}=\frac{\text{時価総額}}{\boxed{\text{予想純利益＋予想減価償却費}}}$$

$$\cdot\ \text{(予)EV/EBITDA}=\frac{\text{時価総額＋有利子負債－現金・同等物}}{\boxed{\text{予想営業利益＋予想減価償却費}}}$$

$$\cdot\ \text{(予)PSR}=\frac{\text{時価総額}}{\boxed{\text{予想売上高}}}$$

$$\cdot\ \frac{\text{ネットキャッシュ}}{\text{時価総額}}=\frac{\boxed{\text{現金・同等物－有利子負債}}}{\text{時価総額}}$$

2. 成長性：企業の成長を測る

・(予)ROE$= \dfrac{\text{予想純利益}}{\text{自己資本}}$

・(予)ROA$= \dfrac{\text{予想営業利益}}{\text{総資産}}$

・(予)経常増益率$= \dfrac{\text{予想経常利益}-\text{実績経常利益}}{\boxed{\text{実績経常利益}}}$

・リビジョン$= \dfrac{\text{今回の予想経常利益}-\text{前回の予想経常利益}}{\boxed{\text{前回の予想経常利益}}}$

・増収率$= \dfrac{\text{予想売上高}-\text{実績売上高}}{\text{実績売上高}}$

3. 安全性：企業の財務安定性を測る

・自己資本比率$= \dfrac{\text{自己資本}}{\text{総資産}}$

・$\dfrac{\text{キャッシュ}}{\text{総資産}} = \dfrac{\text{現金・同等物}}{\text{総資産}}$

4. テクニカル：過去の株価の動きから将来の株価の動きを予想する

・リターンリバーサル
・リターンモメンタム
} 過去のリターン

01 PBR（株価純資産倍率）――もっとも基本的な指標

▼バーゲン価格で買える株？

株式投資のもっとも基本的な指標に、ＰＢＲ（株価純資産倍率、Price Book-value Ratio）と配当利回りがあります。

ほかにもいろいろな投資指標がありますが、なぜＰＢＲと配当利回りがもっとも基本的な投資指標なのでしょうか。それは、ＰＢＲなら「何倍以下なら魅力がある」とか、配当利回りなら「何％以上なら魅力がある」という基準が、とてもわかりやすいからです。投資先の魅力度を考えるためには、ＰＢＲと配当利回りから理解することがとても重要です。

まず、ここではＰＢＲを説明します。

ＰＢＲは株価純資産倍率の名前のとおり、「株価÷1株当たり純資産」で計算されます。分母の1株当たりの純資産に対して、株価が何倍まで買われているか、を見るものです。純資産は自己資本とも言われます。そして、一般には、この値が低い方が割安（魅力度が

図表1-2　「日経会社情報」　5201　旭硝子

株R・11社【本社】100-8405 東京都千代田区丸の内1-5-1新丸の内ビルディング☎03(3218)5096
【設立】1950.6【上場】1950.6【決算】12月【優待】無

東1 225 5201 旭《あさひ》硝《がら》子《す》

【ガラス最大手】ガラス、ディスプレーが2本柱。海外戦略強化。

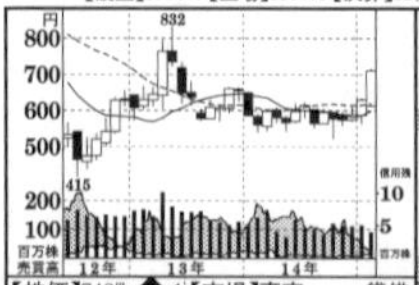

【業績】(百万円)	売上高	営業利益	経常利益	純利益	1株益(円)	1株配(円)
12.6連中	583,275	47,975	47,596	31,073	26.9	13.0
13.6連中I	638,432	38,514	31,287	19,686	17.0	13.0
14.6連中I	659,159	25,911	18,023	3,689	3.2	9.0
15.6連中予	700,000	26,000	28,000	15,000	13.0	9.0
10.12連	1,288,947	229,205	226,806	123,184	105.5	26.0
11.12連	1,214,672	165,663	166,739	95,290	81.9	26.0
12.12連I	1,189,952	101,751	74,998	48,433	41.9	26.0
13.12連I	1,320,006	79,894	44,381	16,139	14.0	18.0
14.12連I	1,348,308	62,131	41,163	15,913	13.8	18.0
15.12連予	1,420,000	62,000	65,000	35,000	30.3	18.0
【QUICKコンセンサス】〈7社〉						
15.12連予	1,380,615	65,972	64,615	34,871	30.2	18.00
16.12連予	1,454,845	79,207	68,907	39,675	34.3	18.00
17.12連予	1,513,725	92,715	83,965	49,279	42.6	18.00

【最高益】連(億円)営業2,292(10.12) 経常2,268(10.12) 純利益1,232(10.12)
【前号予想との比較】 営業利益⬇ 純利益⬆⬆

【ガラス採算改善】欧州のガラス生産窯の停止や米建築用ガラス事業の一部売却などでガラス事業の採算を改善。稼ぎ頭の液晶用ガラス基板の価格下落は続くが、年金制度変更による特別利益で増収増益。
【中計】15年12月期から3カ年の新中期経営計画。液晶偏重の事業構造を転換。営業益1千億円超へ。

【株価】742円 単位1000株 1単位 74万2000円
【市場】東京 貸借 PER24.5倍 時価8805億円 PBR0.8倍 配当利回り2.4%

【高安】	高	安	〈14〉	高	安	1日売買高
50-10	2530(89)	110(62)	10	598.0	522.1	5464
11	1163(3)	595(11)	11	597	558	6255
12	755(2)	415(7)	12	610	569	5326
13	832(5)	569(10)	1	634	564	5998
14	653(1)	522.1(10)	2	762	613	8431

【普通株数・資本異動】1,186,706千株(1.31)
05.7 株交換1:0.5(旭テクノグラス)

【為替レート】(影響度 百万円)
ドル 120円(　―)
ユーロ 140円(　―)

【格付】 [R&I]AA- [S&P]A-(ネ)

ROE 予3.1% 前1.4%
減価償却 予1,500 前1,372
設備投資 予1,500 前1,182
研究開発 予450 前448

【財務】連I 14.12(13.12)億円
総資産 20,773(21,206)
自己資本 11,131(10,872)
(1株) 963円
自己資本比率 53.6%(51.3%)
資本金 909(909)
利益剰余金 6,419(6,417)
有利子負債 4,993(5,750)

【キャッシュF】14.12(13.12)
営業CF 1,358(1,674)
投資CF ▲1,088(▲1,460)
財務CF ▲947(▲336)
現金・同等物 697(1,326)

【株主】(14.12)単元69,259名 特定29.8% 小口19.5%
金融35.9(34.6) 投信5.8(5.0) 法人11.6(11.3) 外国20.5(20.0) 個人22.9(22.9)
日本マスター信託口 5807(4.9)4.8
明治安田生命 4808(4.1)4.1
日本トラスティ信託口 3812(3.2)3.5
東京海上日動 3425(2.9)2.8
日本生命 3090(2.6)2.3
バークレイズ証券 3000(2.5)2.5
旭硝子財団 2323(2.0)2.0
三菱地所 2270(1.9)1.9
三菱東京UFJ銀行 2069(1.7)1.7
資産管理信託投信受入担保口 1991(1.7)0.5
自社保有株 3087(2.6)2.6
【役員】(代表取締)石村和彦 島村琢哉(取締)平井良典 宮地伸二 外坂根正弘 外木村宏 外江川雅子(3.27)➡巻末
【従業員】(14.12)単6,132名(41歳) 年大205,000円 連51,114名
【収益構成】(14.12)ガラス53(1)，電子22(58)，化学品23(39)，セラミックス他2(2)，調整額―(0.3)【事業所】〈工場〉関西，京浜，千葉，愛知，鹿島，相模〈研究所〉横浜【連結】(14.12)[子194 持36]【取引先】(販売)シャープ，三菱商事➡巻末

【証券】三菱UFJモル，野村，大和，みずほ，日興
【名簿】三菱UFJ信
【銀行】三菱東京UFJ，みずほ
【監】あずさ

(出所)「日経会社情報2015春号」

高い）とされます。

実際に、「日経会社情報２０１５春号」を使って数値を確認してみましょう。８１６ページに掲載されている証券コード番号５２０１の旭硝子を例にとって紹介します。ＰＢＲは、「日経会社情報」では、すでに計算結果が提示されており、０・８倍となっています。

それでは、この０・８倍とは何を意味するのでしょうか。株を買うということは、実感がないかもしれませんが、会社の一部を保有するということです。つまり、その会社が持っている資産を間接的に保有することになります。名義上は会社の保有資産でも、株主は、その会社を保有しているので、間接的にですが資産を保有しているこ

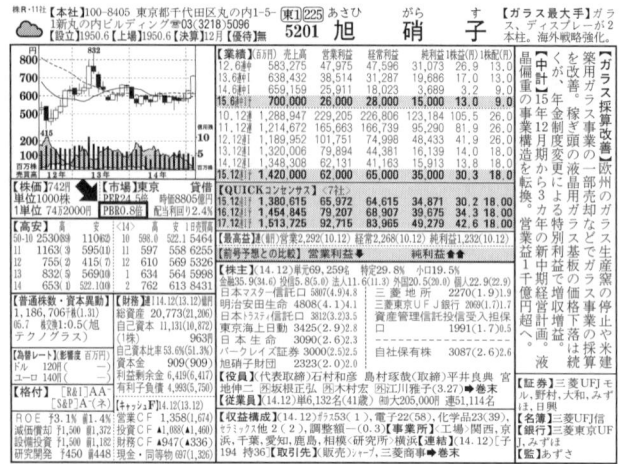

とになるのです。1株分投資したときに間接的に保有する金額を、1株当たり純資産と言います。

旭硝子のＰＢＲが0・8倍ということは、純資産額の8割のお金を出せば、間接的に保有できるということです（つまり2割引き）。なんとなくバーゲン価格で買えるイメージですよね。だからＰＢＲは低い方が割安（魅力度が高い）とされるのです。

ＰＢＲの計算方法については、この節の最後で詳しく解説します。

▼高い利益をあげるとても簡単な投資法

ＰＢＲをもっとも単純に使う場合、ＰＢＲが1倍を下回ると割安、1倍を上回れば割高と評価します。では、なぜ1倍が基準となるのでしょうか。

先に旭硝子の例で、「0・8倍なら2割引き」と述べました。ここで今一度、思い返してみましょう。株主は間接的に会社の資産を保有していますが、ＰＢＲは、その資産を保有するために、どのくらいのお金が必要かを見るものです。ＰＢＲが0・8倍ということは、間接的に資産を保有するのに、その8割のお金ですむということです。つまり、ちょうど保有する資産と、その保有のために必要なお金がイコールになるところが1倍なのです。

このような関係があるため、ＰＢＲが1倍を下回れば割安と考えることができます。さ

図表 1-3　PBR 1倍の意味

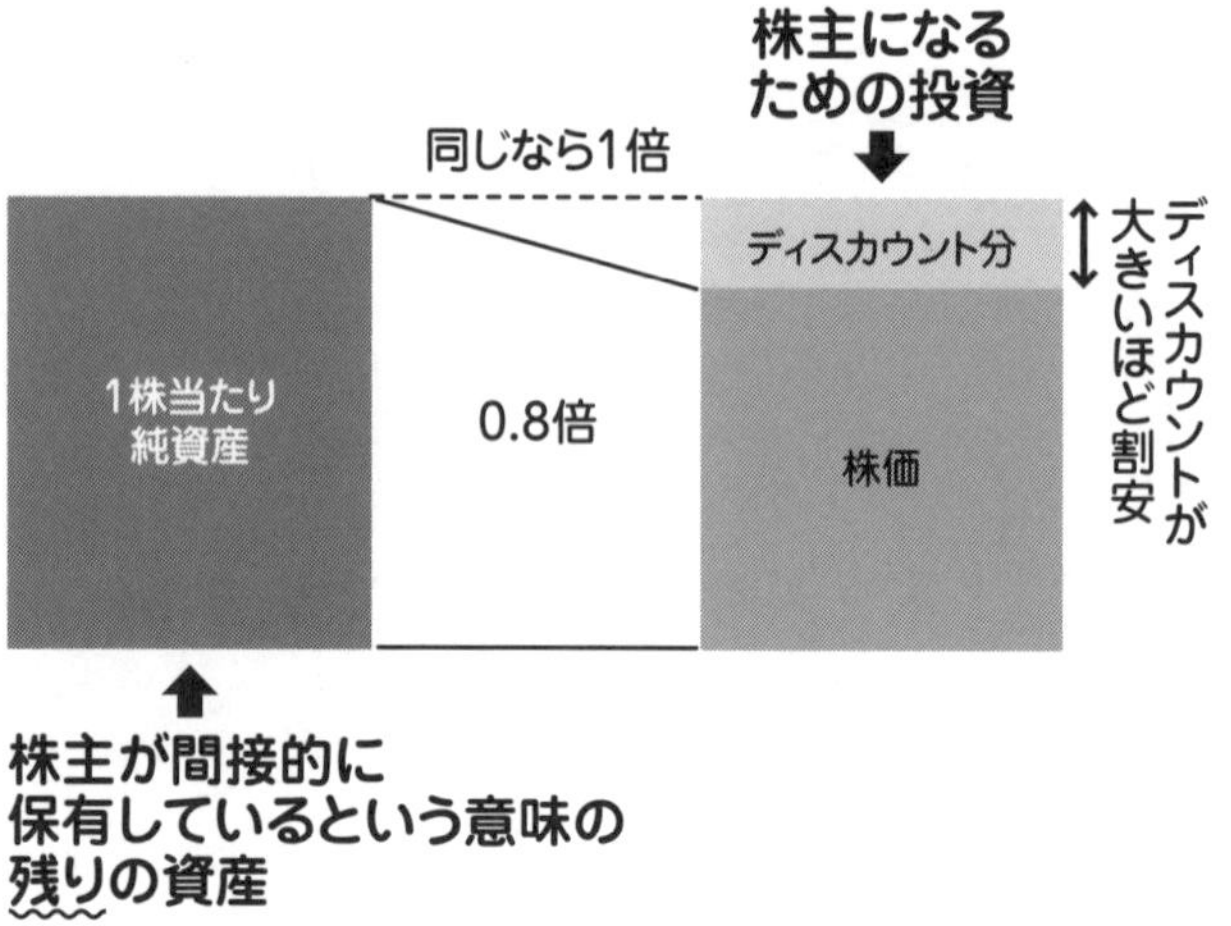

らに言えば、ＰＢＲが低ければ低いほど割安と考えることができます。

それでは実際に、過去のＰＢＲを基準として投資した場合に、どれだけの収益が得られるのかを検証してみましょう。

毎年、年末に、東証１部上場銘柄のなかから、ＰＢＲが低い方から30銘柄を、年末の大納会の日に買うことにします。どの銘柄も購入する金額は同じとします。１銘柄を30万円ずつ購入するのであれば、９００万円が必要になります。

１９８５年以降、２０１４年までの過去30年間で、毎年、年末に投資した９００万円が、１年間でどの程度上昇するかを見てみましょう。過去30年間を平均すると、年22・３％ととても高い収益率になっています。絶対的な

図表 1-4　低 PBR 30 銘柄に投資した場合のリターン

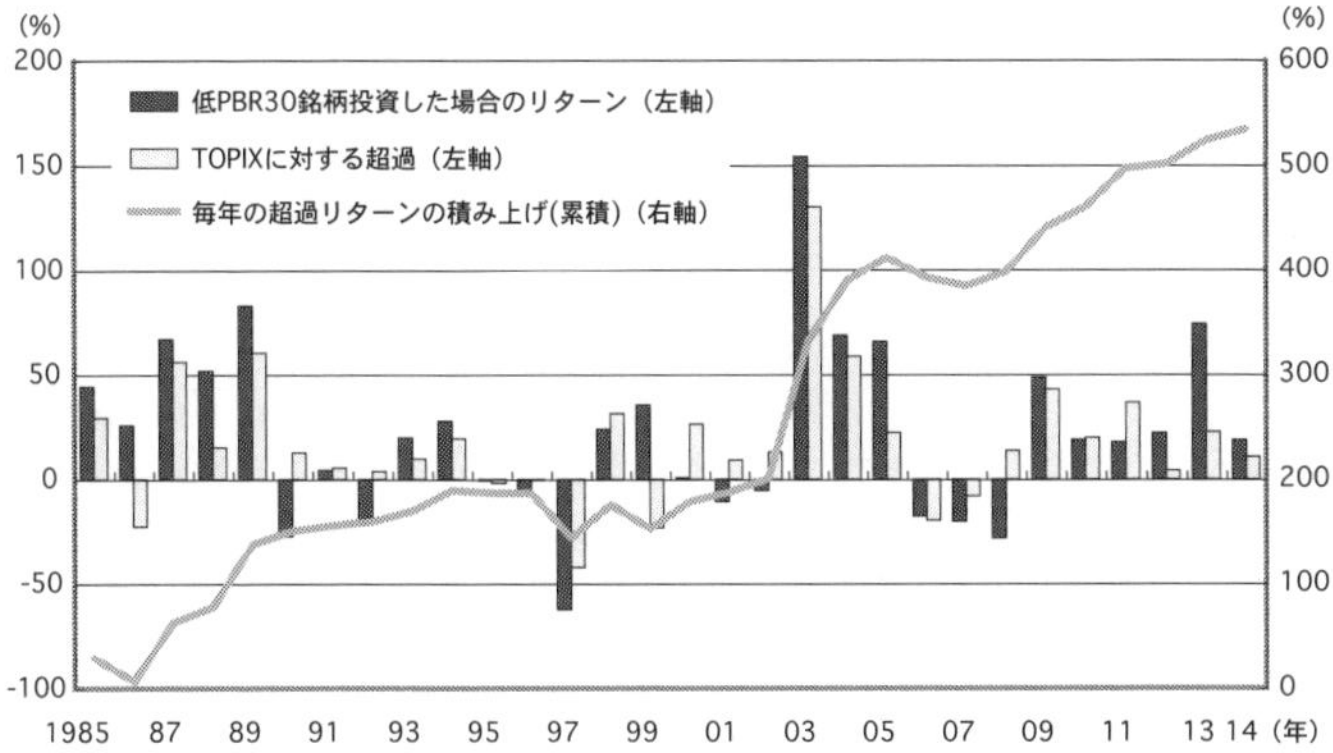

（出所）大和証券資料より抜粋

収益も重要ですが、東証１部全体の指数であるＴＯＰＩＸ（東証株価指数）と比べてみましょう。ＴＯＰＩＸの収益はこの間、平均すると４・５％です。毎年平均すると、17％収益率が上回ったことになります。また、ＴＯＰＩＸに負けた年は７回に過ぎず、76％（一般に勝率と言います）の年でＴＯＰＩＸを上回っています。年末の低ＰＢＲ株投資はとても良い手法と言えます。

なお、厳密に言うと、大納会の時点でＰＢＲの低い方から30銘柄を、大納会の日に買うことはできません。実際は、大納会の日の終値をもとに東証１部の上場企業すべてのＰＢＲを計算する必要があるため、その日に買うことはできないのです。

だったら、年明けの大発会の日に買うとい

う検証がより正確なものと思われますが、実際にはデータ分析の困難さなどから、簡便的にこうした手法を用いて検証を行います。この本でこれから扱う分析はこういった手法が多いので、ここで確認しておきました。

▼投資期間は長期が鉄則

次に、低ＰＢＲの投資成果の特徴である、長期で見ることの重要性について説明しましょう。

先に紹介した大納会に低ＰＢＲ株に投資するという手法はとても成績が良いものでした。しかし、勝率は高かったとはいえ損する年もありました。

したがって、投資をする際には「投資期間をどうするか」がとても重要になります。たとえば、１００万円の資金があるとしましょう。７～８年ぐらいはほかのことに使わなくてすみそうなお金であれば、こうした毎年末の低ＰＢＲ株投資を繰り返すことで、長期的に利益を得ることができます。７年間投資する場合を考えると、２０１４年末からさかのぼって、過去12年間ではすべてプラスとなりました。そして、これらの12年間すべてでＴＯＰＩＸに勝りました。

一方、１年後にこの１００万円を何かに使わなければいけない場合を考えてみましょう。

確かに勝率は高いかもしれませんが、運悪くマイナスになってしまう年もあります。

こうした1年間の投資では、ＰＢＲだけではなく、もう少し情報を加えて投資を考える必要があります。この点は次節で詳しく説明します。

投資期間が限られているときには、ＰＢＲを使うだけでなく、ほかの投資指標を駆使して、さらに銘柄を絞り込んで投資をする必要があるのです。

▼単純すぎることが高い成果を生む

ＰＢＲを使った投資方法は、長期で見るととても投資成果が良いことがわかりました。なぜこれほどパフォーマンスが良いのでしょうか。

これには大きなポイントがあります。それは、単純すぎる戦略であるということです。詳しく説明しましょう。

単純すぎる、つまり、だれにでもすぐにできてしまうことってどう思いますか。そんな戦略、ちょっと心配になりますよね。単純な戦略よりも、たとえば、オリンピックなどの大きなイベントがあるので、ある会社の業績が良くなるとか、テーマ性のある話に乗りたくなるものです。

しかし、多くの投資家がそのように考えているとしたらどうでしょうか。こういったテーマ株に対して投資家の買いが集まり、株価が上昇していきます。人間の心理には、行動ファイナンスで言うところのハーディングがあります。ハーディングとは、簡単に言うと、人は周りと同じような行動をとると安心するということです。つまり、これまで株価が上がってきている株を買うと安心するのです。

しかし、こうした投資方法は、安心することの見返りに、投資家は見えないコストを払っています。必ずとまでは言えませんが、原則として、株式投資は安心を求めて投資するほど、このような安心料を負担しやすくなります。意外と、その逆はそうなるとも言えないのが株式投資の難しい面ですが、いずれにせよ、このような投資方法で高いリターンを得るのは難しいのです。

一方、低ＰＢＲ株への投資はとても単純です。「こんな単純すぎる方法ではたして儲かるんだろうか」と多くの人が不安になってやりたがらないことが、収益の源泉になります。また、機関投資家と言われるプロの投資家は、プロフェッショナル性を発揮するために、だれでもできそうな手法はとりたがりません。

一方、将来を予想して銘柄を選ぶ手法は、周りの人よりも優れた能力や情報収集力が必要になります。こうしたみなが競い合う土俵で戦う（レッドオーシャン）よりも、みながあまり振り向かない方法で戦う（ブルーオーシャン）方が、実は利益を得られるのです。

図表1-5 「日経会社情報」 5201 旭硝子

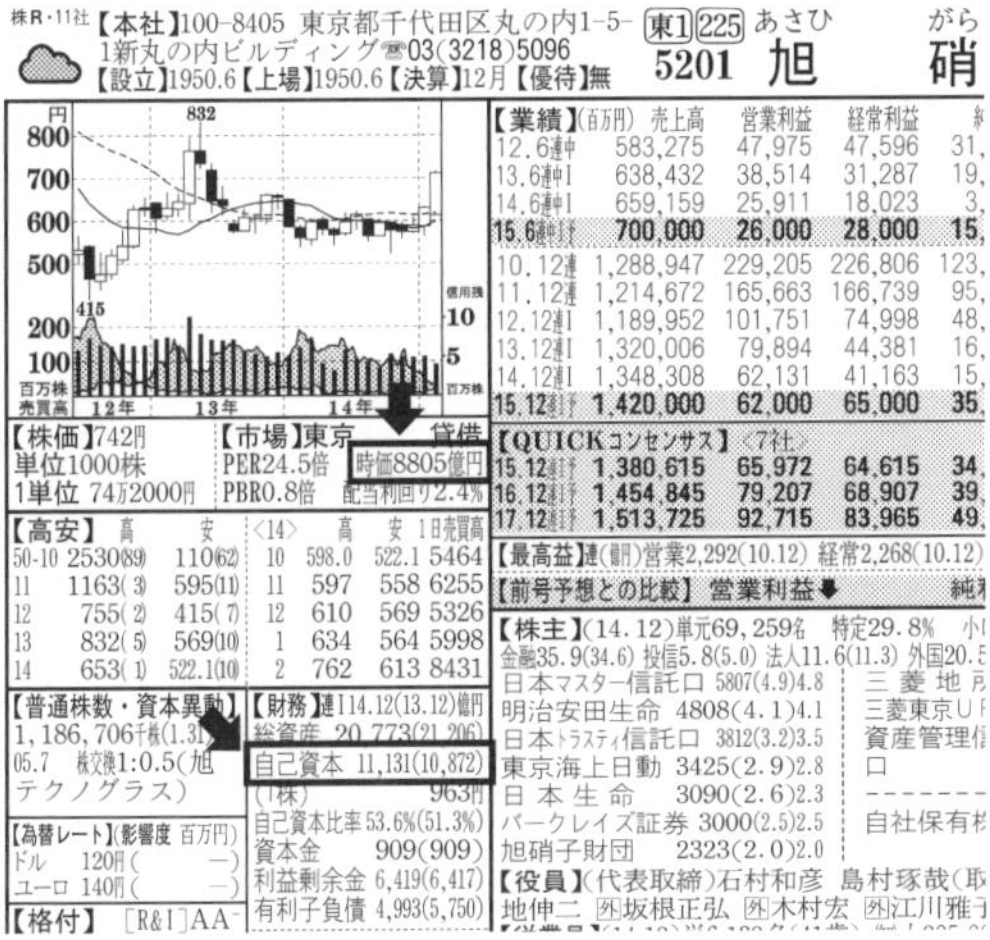

【業績】(百万円)	売上高	営業利益	経常利益	
12.6連中	583,275	47,975	47,596	31,
13.6連中I	638,432	38,514	31,287	19,
14.6連中I	659,159	25,911	18,023	3,
15.6連中I予	**700,000**	**26,000**	**28,000**	**15,**
10.12連	1,288,947	229,205	226,806	123,
11.12連	1,214,672	165,663	166,739	95,
12.12連I	1,189,952	101,751	74,998	48,
13.12連I	1,320,006	79,894	44,381	16,
14.12連I	1,348,308	62,131	41,163	15,
15.12連I予	**1,420,000**	**62,000**	**65,000**	**35,**

【株価】742円 単位1000株 1単位 74万2000円
【市場】東京 貸借 PER24.5倍 時価8805億円 PBR0.8倍 配当利回り2.4%

【QUICKコンセンサス】<7社>				
15.12連I予	1,380,615	65,972	64,615	34,
16.12連I予	1,454,845	79,207	68,907	39,
17.12連I予	1,513,725	92,715	83,965	49,

【高安】	高	安	<14>	高	安	1日売買高
50-10	2530(89)	110(62)	10	598.0	522.1	5464
11	1163(3)	595(11)	11	597	558	6255
12	755(2)	415(7)	12	610	569	5326
13	832(5)	569(10)	1	634	564	5998
14	653(1)	522.1(10)	2	762	613	8431

【最高益】連(億円)営業2,292(10.12) 経常2,268(10.12)
【前号予想との比較】 営業利益⬇

【株主】(14.12)単元69,259名 特定29.8%
金融35.9(34.6) 投信5.8(5.0) 法人11.6(11.3) 外国20.
日本マスター信託口 5807(4.9)4.8
明治安田生命 4808(4.1)4.1
日本トラスティ信託口 3812(3.2)3.5
東京海上日動 3425(2.9)2.8
日本生命 3090(2.6)2.3
バークレイズ証券 3000(2.5)2.5
旭硝子財団 2323(2.0)2.0
三菱地
三菱東京U
資産管理
口
自社保有
【役員】(代表取締)石村和彦 島村琢哉(
地伸二 外坂根正弘 外木村宏 外江川雅

【普通株数・資本異動】1,186,706千株(1.31)
05.7 株交換1:0.5(旭テクノグラス)

【財務】連I14.12(13.12)億円
総資産 20,773(21,206)
自己資本 11,131(10,872)
(1株) 963円
自己資本比率 53.6%(51.3%)
資本金 909(909)
利益剰余金 6,419(6,417)
有利子負債 4,993(5,750)

【為替レート】(影響度 百万円)
ドル 120円(—)
ユーロ 140円(—)

【格付】 [R&I]AA-

（出所）「日経会社情報 2015 春号」

だからこそ、低PBR株の年末投資戦略は効果的なのです。

PBRはこうやって計算する

ここで、PBRの計算方法を詳しく説明します。先に取り上げた旭硝子のPBR、0・8倍という数字はどのように計算されているのでしょうか。

PBRは、先に述べたように「株価÷1株当たり純資産」で計算されます。「1株当たり」とせず、会社全体の数値をとっても同じことなので、分子の株価を時価総額（株価×発行済株式数）に、分母の1株当たり純資産を自己資本（純資産と同じようなもの。1株当たり純資産×発行済株式数）に置き換えてみましょう。

図表1-6　「日経電子版」 5201 旭硝子

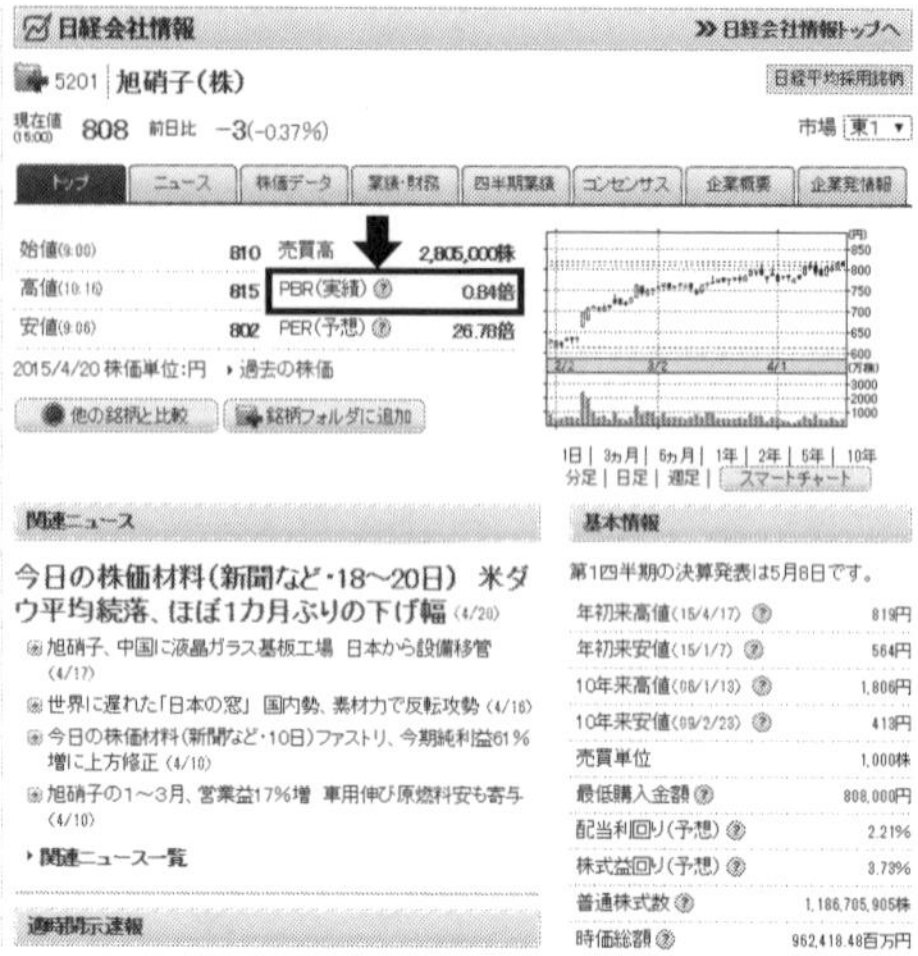

そうすると、旭硝子では、時価（総額）8805億円÷自己資本（純資産）11131億円＝0・8倍と計算されます（実際には、自社保有株式数を除いた時価総額で計算するため、誌面上の計算値と異なる場合があります）。

PBRの計算に使う会社の自己資本は、通常、会社から年1回発表される本決算のものを使用します。一方、時価総額は株価と連動して毎日変動しますから、実際に投資するときには直近の値を見る方が良いでしょう。

日本経済新聞社のウェブサイト「日経電子版」の「マーケット」欄（http://www.nikkei.com/markets/）では、個々の会社の株価や時価総額、さらにPBRの直近値も閲覧できます。たとえば、２０１５年4月20日の旭硝子の数値を見ると、この日の時価総額で計算し直したＰＢＲが０・84倍となっています。

これは、この日の時価総額を、先ほどの「日経会社情報」にある自己資本で割って求められるものです。ただし、細かい話ですが、先に触れたように、ＰＢＲの計算に使うのは、自社保有株を除いた時価総額です。したがって、旭硝子の場合、計算値とは少しずれます。また、会社が自社株買いや増資などをして自己資本の額が変動したケースでは、直前の会社の決算発表の値を使うと計算値が異なることもありますが、原則として、このような計算方法でＰＢＲが求められるということを知っておいてください。

なお、時価総額や株価など日々変動するデータを使用する投資指標の場合、最新の値は日経電子版で確認するとよいでしょう。また、最新の利益予想なども、日経電子版で確認することができます。

02

配当利回り——1年間の儲けを測る

▼預金金利と比較する

もっとも基本的でわかりやすいもう1つの代表的な投資指標が配当利回りです。

配当利回りは、配当金を株価で割って求めます。みなさんがある銘柄に投資した場合に、その投資に使ったお金に対して、1年間にどれくらい配当をもらえる予定であるかを利回りで見たものです。実は、この「予定」という点がとても重要なのですが、まずは基本的なことからお伝えします。

たとえば、配当利回りが3%なら、その会社の株を100万円買った場合に、1年間に3万円の配当がもらえる予定ということです。

実際に「日経会社情報2015春号」を使って、配当利回りの計算方法を確認します。265ページの証券コード番号2503のキリンホールディングスを例にあげて紹介します。配当利回りも、「日経会社情報」ではすでに計算結果が提示されており、2・5%です。

図表 1-7　「日経会社情報」 2503 キリンホールディングス

株R・14社 【本社】164-0001 東京都中野区中野4-10-2中野セントラルパークサウス☎03(6837)7000 東1 225
【設立】1907.2【上場】1949.5【決算】12月【優待】有
2503 キリン

【業績】(百万円)	売上高	営業利益
12.6連中	1,041,652	57,201
13.6連中	1,096,214	60,416
14.6連中	1,056,276	50,251
15.6連予	1,090,000	43,000
10.12連	2,177,802	151,612
11.12連	2,071,774	142,864
12.12連	2,186,177	153,022
13.12連	2,254,585	142,818
14.12連	2,195,795	114,549
15.12連予	2,270,000	117,000

【株価】東1549円
単位100株
1単位 15万4900円

【市場】東，福，札 貸借
PER35.3倍 時価14948億円
PBR1.3倍 配当利回り2.5%

【QUICKコンセンサス】〈7社〉		
15.12連予	2,215,114	122,300
16.12連予	2,234,267	127,000
17.12連予	2,259,450	132,300

【高安】	高	安	〈14〉	高	安	1日売買高
49-10	3170(87)	112(51)	10	1469.0	1311.5	4002
11	1186(3)	893(11)	11	1524.5	1406.5	3758
12	1086(3)	864(7)	12	1579.0	1428.5	3713
13	1868(5)	1012(1)	1	1609.0	1400.0	3459
14	1579(12)	1290(2)	2	1658.0	1517.0	3678

【最高益】連(億円)営業1,530(12.12) 経常
【前号予想との比較】 営業利益⬇
【株主】(14.12)単元130,741名
金融34.1(28.7) 投信4.2(5.1) 法人8.7
日本マスター信託口 4328(4.5)4.6

（出所）「日経会社情報 2015 春号」

では、配当利回りがなぜ、ＰＢＲと並んで基本的な投資指標とされるのでしょうか。

一般に、この配当利回りは、銀行の定期預金や郵便局の定期貯金の利率などと比較して使われます。配当利回りは、これらと似た特徴を持っているからです。元金（あるいは元手）として払い込んだお金を引き出さずにそのままにした場合、その後の１年間にもらえるお金がどの程度あるか、を表しています。

株式投資の効率を考える場合、「配当利回りが預金の金利を上回っているか」という基準がとても重要になります。預金金利という明確な基準があることから、基本的な指標と言われるのです。

▼株価の行方に注意

このように、配当利回りの見方はとても簡単です。しかし、こうした簡単な使い方はあくまでも基本であって、大きく３つの注意点があります。

１つめは、株価が下がりにくい銘柄のなかから選ぶ必要があるということです。たとえば、配当利回りが３％の銘柄に１００万円投資したとします。すると、１年間に３％分の３万円を受け取ることができます（実際には、さらに所得税などが引かれます）。

もし、来年も再来年もそのまま会社が支払う配当金が変わらなければ、毎年３万円を受け取れることになります。しかし、株価は変動します。

たとえば3年後に、投資した銘柄を売却しなければいけなくなったとします。このとき、株価が半分の50万円に下がってしまっていたらどうでしょうか。3年間で9万円の配当を受け取ることができましたが、１００万円投資した分が50万円しか戻らなかったら、「＋9万円－50万円」で差し引き41万円の損失になってしまいます。いくら配当利回りが高くても、トータルで損が大きいのでは意味がありませんね。

ところが、このように株価が下がっても、「売らなければ損は出ないから問題ない」という人もいます。しかし、これは気休めの言葉で、売りたくても売れない状況は大きな問

図表1-8　「日経会社情報」 2503　キリンホールディングス

野4-10-2中 東1 225 【ビ
(6837)7000 **2503 キリンホールディングス** 首
月【優待】有 海

【業績】(百万円)	売上高	営業利益	経常利益	純利益	1株益(円)	1株配(円)
12.6連中	1,041,652	57,201	49,472	13,109	13.6	13.5
13.6連中	1,096,214	60,416	55,714	59,668	62.4	18.0
14.6連中	1,056,276	50,251	45,107	14,043	15.2	19.0
15.6連中予	**1,090,000**	**43,000**	**35,000**	**15,000**	**16.4**	**19.0**
10.12連	2,177,802	151,612	140,969	11,394	12.0	25.0
11.12連	2,071,774	142,864	136,818	7,407	7.7	27.0
12.12連	2,186,177	153,022	138,452	56,198	58.4	29.0
13.12連	2,254,585	142,818	132,134	85,656	90.8	36.0
14.12連	2,195,795	114,549	94,211	32,392	35.3	38.0
15.12連予	**2,270,000**	**117,000**	**100,000**	**40,000**	**43.8**	**38.0**
【QUICKコンセンサス】〈7社〉						
15.12連予	**2,215,114**	**122,300**	**108,833**	**42,500**	**46.6**	**38.67**
16.12連予	**2,234,267**	**127,000**	**114,880**	**48,380**	**53.0**	**40.00**
17.12連予	**2,259,450**	**132,300**	**121,700**	**55,267**	**60.6**	**40.50**

（出所）「日経会社情報 2015 春号」

題です。預金よりも利回りが高いから魅力的と考えて投資しているのですから、株価が下がって元金が戻ってこないのでは、魅力的な投資とは言えません。

それでは、どうすれば下がらなさそうな株に投資できるのでしょうか。もっとも簡単なチェック方法は、利益が伸びているか、安定しているか、の２つを見ることです。利益の伸びを見る際には、会社の経常利益を見ることが１つの方法です。

実際に「日経会社情報」を使って、経常利益の伸び率（経常増益率）の計算方法を確認します。ここでも「日経会社情報２０１５春号」２６５ページの証券コード番号２５０３のキリンホールディングスを例に説明します。

15年12月期の予想の経常利益は１０００００百万円で、実績の９４２１１百万円と比べて増えています。

次に、収益性が安定しているかを見てみます。この場合、売上高に対する営業利益の比率（売上高営業利益率（営業利益÷売上高））を見るのが良いでしょう。

キリンホールディングスでは、15年12月期の予想営業利益１１７０００百万円÷同売上高２２７００００百万円＝５・２％となります。この値が高いほど、利益率が高くなります。利益率は、業界の特性や、その時々の経済環境にも左右されるため一概には言えませんが、あえていえば２・５％程度がメドになるでしょう。

配当利回りが高い銘柄は、会社の成長などさまざまな点に懸念材料があり、株が売り込まれているケースも少なくありません。したがって、増益率と営業利益率のいずれかの基準を上回っているかどうかで銘柄を選別したいと思います。もちろん、増益率と営業利益率がともに良ければ、より安心ができる銘柄となります。

ただし、増益率と営業利益率では、会社の目指す方向が異なるケースがあります。増益率は業績の伸びを見るものですが、営業利益率は収益の安定性を見るものだからです。

営業利益率がそれほど良くなくても、増益の方向が見えれば、将来の配当が期待できます。一方、増益率が低く会社が成長を見せていなくても、営業利益率がそれほど低くなけ

図表1-9　配当利回りを使った銘柄選別法

$$\frac{\text{1株当たり配当金}}{\text{株価}}=\text{配当利回り}$$

株価 ↓ 下がりにくい銘柄

いずれかが上回っているかチェック

- **利益の伸び**　①経常利益の伸び：予想経常利益が実績経常利益より大きい
- **安定性**　②営業利益率：$\frac{\text{予想営業利益}}{\text{予想売上高}}$ が2.5%以上

れば、収益の安定に連動して、将来の配当の持続性が期待されます。

また、相場全体の先行きを考えることも重要です。いくら業績が良い株でも、相場全体が下がると、その影響を受けて、株価が下がってしまうことが少なくありません。相場全体の先行きを考えることはとても難しいのですが、下がりそうなときは、配当金を取るための投資でも注意する必要があります。

▼配当が減らないかをチェック

ここでは、配当利回りを使ううえで、2つめに重要な点をお話しします。それは、配当利回りの計算に使う配当金は、予想あるいは予定の額であるということです。

実際に、「日経会社情報2015春号」を

使って見てみましょう。先ほどのキリンホールディングスを例にあげます。日経記者の予想配当額は、38円であることがわかります。

　このほか、配当の予想には、会社が発表する「予定」の額もあります。配当は、実際には株主総会の決議で確定します。たとえば、3月期決算の会社であれば、3月末の株主名簿に載っている必要があります。すなわち、3月末に株式を保有している人が配当を受け取る権利があるということです。

　なお、3月の最終営業日に株主の権利を持つためには、3営業日前（権利付き最終売買日）に買っておかなければなりません。株を買ってから実際に会社の株主名簿に名前が載るまで、手続きに時間がかかるからです。

　さて、最終的に配当額が確定するのは、おおむね3カ月後の6月終わりごろの株主総会のときです。ですので、それまでは、あくまで予定、あるいは予想にすぎません。この「予想にすぎない」という点に注意が必要です。

　まず、会社の発表する予想配当額と、「日経会社情報」に掲載されている日経記者による予想配当額を比較してみましょう。

　会社が予定している配当額は、それぞれの会社のホームページで提供されている「決算短信」などから取得することができます。この配当額と比べて、「日経会社情報」の配当

図表1-10 「日経会社情報」 2503 キリンホールディングス

株R・14社 【本社】164-0001 東京都中野区中野4-10-2中野セントラルパークサウス☎03(6837)7000 東1 225
【設立】1907.2【上場】1949.5【決算】12月【優待】有

2503 キリンホールディングス

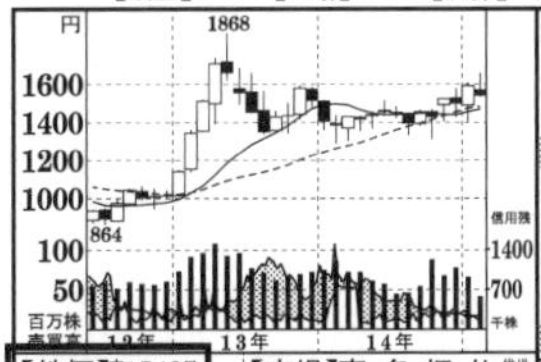

【業績】(百万円)	売上高	営業利益	経常利益	純利益	1株益(円)	1株配(円)
12.6連中	1,041,652	57,201	49,472	13,109	13.6	13.5
13.6連中	1,096,214	60,416	55,714	59,668	62.4	18.0
14.6連中	1,056,276	50,251	45,107	14,043	15.2	19.0
15.6連中予	**1,090,000**	**43,000**	**35,000**	**15,000**	**16.4**	**19.0**
10.12連	2,177,802	151,612	140,969	11,394	12.0	25.0
11.12連	2,071,774	142,864	136,818	7,407	7.7	27.0
12.12連	2,186,177	153,022	138,452	56,198	58.4	29.0
13.12連	2,254,585	142,818	132,134	85,656	90.[illegible]	36.0
14.12連	2,195,795	114,549	94,211	32,392	35.[illegible]	[illegible]
15.12連予	**2,270,000**	**117,000**	**100,000**	**40,000**	**43.8**	**38.0**
【QUICKコンセンサス】<7社>						
15.12連予	**2,215,114**	**122,300**	**108,833**	**42,500**	**46.6**	**38.67**
16.12連予	**2,234,267**	**127,000**	**114,880**	**48,380**	**53.0**	**40.00**
17.12連予	**2,259,450**	**132,300**	**121,700**	**55,267**	**60.6**	**40.50**

【株価】東1549円
単位100株
1単位 15万4900円

【市場】東, 名, 福, 札 貸借
PER35.3倍 時価14948億円
PBR1.3倍 配当利回り2.5%

【高安】	高	安	<14>	高	安	1日売買高
49-10	3170(87)	112(51)	10	1469.0	1311.5	4002
11	1186(3)	893(11)	11	1524.5	1406.5	3758
12	1086(3)	864(7)	12	1579.0	1428.5	3713
13	1868(5)	1012(1)	1	1609.0	1400.0	3459
14	1579(12)	1290(2)	2	1658.0	1517.0	3678

【最高益】連(億円)営業1,530(12.12) 経常1,446(09.12) 純利益857(13.12)

【前号予想との比較】 営業利益⬇ 純利益⬇⬇

【株主】(14.12)単元130,741名 特定26.0% 小口12.6%
金融34.1(28.7) 投信4.2(5.1) 法人8.7(8.7) 外国29.2(29.3) 個人22.6(22.8)
日本マスター信託口 4328(4.5)4.6 ノーザン・トラスト(AVFC) 1440(1.5)1.4

(出所)「日経会社情報 2015 春号」

額が大きい場合はどうでしょうか。この場合、会社の予想よりも、配当が伸びそうという期待がある銘柄と言えます。

ただ、多くの会社では、会社の予想と「日経会社情報」の予想は同じ値となっています。念のため、少なくとも、会社予想よりも小さくはないということをチェックしておきましょう。

次に、ＱＵＩＣＫコンセンサスの予想配当額もチェックします。ＱＵＩＣＫコンセンサスは、アナリストの予想を集めて平均したものです。

証券会社やシンクタンクには、上場企業を分析して、将来の業績の行方を予想するアナリストがいます。こうしたアナリストは、業績だけでなく、配当がどのくらいになるかも予想します。それぞれの会社を担当するアナリストが独自に配当を予想しており、それらを平均したものがＱＵＩＣＫ

コンセンサスとなります。

実は、ＱＵＩＣＫコンセンサスが「日経会社情報」に掲載されていない会社もあります。アナリストがチェックしていない会社にはアナリスト予想がありませんから、ＱＵＩＣＫコンセンサスもないのです。

第２のチェック項目は、ＱＵＩＣＫコンセンサスが掲載されている銘柄の場合、「日経会社情報」の予想と同じかどうかです。「日経会社情報」より低い予想の場合は、配当が減るかもしれません。注意しましょう。

◆配当利回りはこうやって計算する

ここで、配当利回りの計算方法を説明しておきます。先に取り上げたキリンホールディングスを例にします。配当利回りは「日経会社情報」ではすでに２・５％という数値が示されていますが、この数字はどのように計算されるのでしょうか。

図表１-10にあるとおり、キリンホールディングスは、１株配（予想配当）が38円、株価が１５４９円なので、「１株配38円÷１５４９円＝２・５％」と計算できます。

なお、この配当は、１年間の予想配当金を使用します。一方、株価は毎日変動しますから、実際に投資するときには、その直近の値を見る方が良いでしょう。

図表1-11 「日経電子版」 2503 キリンホールディングス

直近の値は、「日経電子版」の「マーケット」欄（http://www.nikkei.com/markets/）で確認することができます。2015年4月20日のキリンホールディングスの配当利回りは2・30％です。

なお、細かい話になりますが、「日経会社情報」の編集作業を終了した後に、会社が増配を発表したり、株式分割などをしたりしたケースでは、予想配当の値が変わります。原則として、このような計算方法で、配当利回りが求められるということを知っておいてください。

03 自己資本比率——安全性を見る

▼水準をどうやって判断するか

ここでは、会社の安全性をチェックする自己資本比率について取り上げます。

自己資本比率は、会社の資本のうち、どれだけが自己資本で占められているかを表す数字です。平たく言えば、会社を運営するために集めたお金のなかで、銀行借り入れや債券など、基本的にある決まった時点までに返さなければいけないお金ではなく、返さなくてもよいお金、つまり株主からの出資がどの程度あるか、を見るものです。したがって、企業経営の安全性をチェックすることができます。

返さなければいけないお金が多いと、どのように用立てるか、悩まなければいけませんね。景気状況が厳しかったり、会社の業績が悪かったりすると、返済金を用意するのが難しくなってしまうこともあります。一方、株式を発行してお金を調達していれば、返す必要がないので、そうした悩みはありません。

図表1-12　「日経会社情報」　５４０１　新日鐵住金

【高安】　高　安
50-10　984(89)　39(62)
11　328(2)　165(11)
12　245(2)　143(7)
13　359(9)　208(4)
14　353(1)　243.3(10)

〈14〉　高　安　1日売買高
10　291.8　243.3　41657
11　314.3　293.5　42645
12　323.0　290.4　34916
1　301.8　275.6　39699
2　319.8　273.5　41184

17.3連予　5,629,667　498,282　568,000　357

【最高益】連(億円)営業5,801(07.3)　経常5,976(07.3)

【前号予想との比較】　営業利益➡　純

【普通株数・資本異動】
9,503,214千株(1.31)
13.8　株交換1:3.75(住友鋼管)

【財務】連14.9中(13.9中)億円
総資産　70,893(70,289)
自己資本　28,169(25,236)
(1株)　309円
自己資本比率 39.7%(35.9%)
資本金 4,195(4,195)
利益剰余金17,091(15,384)
有利子負債20,557(24,036)

【株主】(14.9)単元419,989名　特定24.2%　小
金融31.8(32.6) 投信3.6(3.8) 法人14.1(14.2) 外国26.
日本トラスティ信託口　36914(3.9)4.4　明治安田
日本マスター信託口　30760(3.2)3.3　三菱東京UF
住友商事　26269(2.8)2.8　神戸製
日本生命　25627(2.7)2.8　ニューヨーク銀
みずほ銀行　18260(1.9)1.9　--------
三井住友銀行　14647(1.5)1.5　自社保有

【役員】(会長)宗岡正二(副会長)友野宏(
社長)樋口眞哉　太田克彦　宮坂明博　栁川

【従業員】(14.3)単24,152名(39歳)　㈲大203,5

【為替レート】(影響度　百万円)
ドル　108円(　—)

【格付】　[R&I]A+
[S&P]BBB　[JCR]AA-

ROE　予6.4%　前9.6%
減価償却　予3,200　前3,318
設備投資　予3,050　前2,570
研究開発　予—　前644

【キャッシュF】14.3(13.3)
営業CF　5,748(3,133)
投資CF　▲1,969(▲3,273)
財務CF　▲3,671(333)
現金・同等物 1,055(905)

【収益構成】(14.3)製鉄88(89),エンジニアリ
(3),新素材1(0.3),システムソリューション3(4
<海外>40【事業所】<工場>鹿島,君津,名
他8【連結】(14.9)[子368　持108]日鉄住
日鉄住金エンジニアリング【取引先】住友商事,日

（出所）「日経会社情報 2015 春号」

それでは、実際に「日経会社情報」で数値を見てみましょう。「日経会社情報２０１５春号」８４７ページの証券コード５４０１新日鐵住金を例にあげます。自己資本比率は39・7％です。

では、この値は安全なのでしょうか。

実は、自己資本比率は業界により大きく異なります。そのため、業界平均との比較が有効です。たとえば、電力会社や鉄鋼会社、化学会社など事業に大きな設備が必要な会社は、自己資本だけでお金をまかなうことが難しいので、借入金などが多くなります。ですので、製造業ほど自己資本比率は低くなる傾向があります。

だからと言って、製造業の安全性が低いというわけではありません。借入金が多いということは、裏を返せばお金を借りるだけの信用力があるとも言えます。製造業は多くの設備や製造

図表1-13　業種別の自己資本比率平均（金融業種を除く）

業種番号	業種名	水準	順位	業種番号	業種名	水準	順位
1	水産・農林	38.3%	21	16	電気機器	52.2%	9
2	**鉱業**	**67.9%**	**2**	17	輸送用機器	39.2%	20
3	建設	38.2%	22	18	精密機器	57.8%	5
4	食料品	52.7%	8	**19**	**その他製品**	**64.9%**	**3**
5	繊維製品	46.1%	16	*20*	*電気・ガス*	*27.2%*	*28*
6	パルプ・紙	31.6%	24	21	陸運	30.3%	25
7	化学	56.6%	7	*22*	*海運*	*28.5%*	*27*
8	**医薬品**	**69.0%**	**1**	23	空運	43.7%	18
9	*石油・石炭*	*26.0%*	*29*	24	倉庫・運輸	62.2%	4
10	ゴム製品	48.5%	13	25	情報・通信	57.3%	6
11	ガラス土石	51.9%	10	26	卸売	34.4%	23
12	鉄鋼	42.0%	19	27	小売	48.4%	14
13	非鉄金属	44.0%	17	32	不動産	28.6%	26
14	金属製品	47.8%	15	33	サービス	51.2%	12
15	機械	51.8%	11				

（出所）大和証券資料より抜粋
（注）上位3位は太字、下位3位は斜体
2015年1月末現在

技術などが必要で、新規参入が難しい業界です。

業界平均を下回っていないことも1つの目安ですが、株式投資の銘柄選びでは、もう少しゆるいチェックでも十分と考えられます。理由は以下で説明します。

▼高ければ高いほど良いわけではない

自己資本比率が高い会社は安全性が高いと説明しましたが、実は、自己資本比率はそれほど神経質になることもない指標です。

極端に自己資本比率が低い会社は、安全性に注意が必要となります。ただ、自己資本比率が高ければ高いほど良いというわけではなく、ある一定以上あれば、条件をクリアしたととらえてよいでしょう。

なぜなら、借入金を返せないような資金繰りに困る状態は問題ですが、企業経営の実態に即した借入金なら事業活動を円滑に行うために必要だからです。

ここで、ちょっと考えてみましょう。たとえば、みなさんがマイホームを買いたいと思ったとき、手持ちのお金で買える家だけに選択肢を限るよりも、無理のない範囲でローンを組んで家を買う方が、広さや住環境の面で良いところに住めるでしょう。１００％自己資金でまかなうよりも、適度な借り入れをすることで、より充実した生活が送れるようになるのです。

会社も同じです。自己資本ですべてまかなうのではなく、必要に応じて借り入れを行うことで、事業がスムーズとなり、より大きな利益が得られる可能性がふくらみます。

加えて、みなさんのマイホームのローンも同じですが、銀行からお金を借りるためには、担保があったり、収入が一定以上あったりするなど、審査に通る必要があります。会社の場合も同じで、銀行の審査に通るということは、基本的に信用力が高いと言うことができます。

図表１－14で、業種ごとの低い方から２割ラインを示しました。特に注意する方法として、業種内で下から２割を下回っていないかという点をチェックすることをおすすめしま

す。

図表1-14　業種別の自己資本比率の下位から2割ラインの水準（金融業種を除く）

業種番号	業種名	水準	順位	業種番号	業種名	水準	順位
1	*水産・農林*	*15.8%*	*27*	16	電気機器	33.1%	17
2	**鉱業**	**50.6%**	**2**	17	輸送用機器	33.5%	16
3	建設	25.2%	23	18	精密機器	39.5%	9
4	食料品	41.3%	7	19	その他製品	41.6%	5
5	繊維製品	34.8%	14	*20*	*電気・ガス*	*12.6%*	*28*
6	パルプ・紙	28.6%	19	21	陸運	21.2%	25
7	化学	42.0%	4	*22*	*海運*	*7.9%*	*29*
8	**医薬品**	**56.7%**	**1**	23	空運	22.0%	24
9	石油・石炭	20.8%	26	24	倉庫・運輸	37.5%	12
10	ゴム製品	41.4%	6	**25**	**情報・通信**	**49.8%**	**3**
11	ガラス土石	38.0%	11	26	卸売	26.1%	20
12	鉄鋼	39.5%	8	27	小売	32.8%	18
13	非鉄金属	25.7%	22	32	不動産	26.0%	21
14	金属製品	34.1%	15	33	サービス	36.6%	13
15	機械	38.6%	10				

（出所）大和証券資料より抜粋
（注）上位3位は太字、下位3位は斜体
　　2015年1月末現在

▼業種はどう分類するか

本書では、これから、投資指標を業種別に見ることを繰り返し説明します。業種というのは、業界のことです。

業界の分類は難しいものです。投資の分析には、東証の業種分類である33業種が広く使われています。しかし、実はこの33分類も万能とは言えません。

たとえば、輸送用機器という分類があります。自動車業界をイメージする人も少なくないでしょうが、ここには電車の車両を作る会社も入り

図表1-15　東証の33業種と東証1部の銘柄数

業種番号	業種名	銘柄数	業種番号	業種名	銘柄数
1	水産・農林業	5	**18**	**精密機器**	**28**
2	**鉱業**	**7**	**19**	**その他製品**	**50**
3	建設業	99	20	電気・ガス業	18
4	**食料品**	**75**	21	陸運業	39
5	**繊維製品**	**41**	22	海運業	8
6	**パルプ・紙**	**11**	23	空運業	4
7	**化学**	**133**	**24**	**倉庫・運輸関連**	**22**
8	**医薬品**	**39**	25	情報・通信業	136
9	**石油・石炭製品**	**11**	26	卸売業	156
10	**ゴム製品**	**11**	27	小売業	173
11	**ガラス・土石製品**	**33**	28	銀行業	86
12	**鉄鋼**	**32**	29	証券、商品先物取引業	22
13	**非鉄金属**	**24**	30	保険業	7
14	**金属製品**	**38**	31	その他金融業	22
15	**機械**	**124**	32	不動産業	50
16	**電気機器**	**157**	33	サービス業	136
17	**輸送用機器**	**64**			

(出所)大和証券資料より抜粋
(注)2015年2月末現在
　　太字は製造業、それ以外は非製造業

ます。確かに、どちらも輸送に使うものを作っているとはいえ、少々イメージが違いますね。

小売業もさまざまな業態の会社が入っています。百貨店とコンビニも同じ小売業です。違うと言えば違いますし、同じような会社と言えばそうとも言えます。判断が難しいところです。

それならば、厳密に分類するために、もっと業種を細かくすればよいと思うかもしれません。しかし、細かく見すぎるのも難しい問題が起きます。たとえば、業種内でPBRが低い順から2割という場合、その業種に10社所属していた場合、低い方から2社ということです。細かく業種の分類をしすぎると、比較する銘柄の数が少なくなってしまう問題が出てきます。

図表1－15では、それぞれの業種の銘柄数をのせています。この33分類でもっとも少ない空運業は、銘柄数が4社しかありません。分類の厳密性を高めて分類を多くすると、それぞれの業種の銘柄数が少なくなってしまいますが、逆に分類数を減らすと、今度は厳密な分析ができなくなってしまうという問題が出てしまいます。東証の33業種がよく使われるのは、これらの2つの観点でほどよい分類とされているからです。

なお、それぞれの会社がどの業種に所属しているかは、たとえば「日経会社情報」の欄外に記載されている業種分類で確認できます。「日経会社情報」の業種分類と東証の分類は異なる部分がありますが、おおむね同じですので、参考になるでしょう。

04 PER（株価収益率）——割高割安を見る一歩進んだ指標

PER

PBRとは異なるポイント

今回はＰＥＲ（株価収益率、Price Earnings Ratio）を説明します。投資関連の書籍には、ＰＥＲは、ＰＢＲ（株価純資産倍率）と並べて取り上げられているケースがあります。それは、ＰＢＲと計算方法が直観的に似ているような印象があるためです。

まずは計算方法を確認しましょう。

ＰＥＲは、「株価÷1株当たり純利益（税引利益）」で計算されます。分母の1株当たりの純利益に対して、株価が何倍まで買われているか、を見るものです。この値が低い方が割安（魅力度が高い）とされます。

ＰＥＲがＰＢＲと大きく異なる点は、通常、予想値を使うことです。ＰＥＲは、予想値を使うことからも、ＰＢＲと比べて一歩進んだ指標です。

計算式を見ると、1株当たりの資産が1株当たりの利益に変わっただけですが、ＰＥＲ

図表1-16　PBRとPERの違い

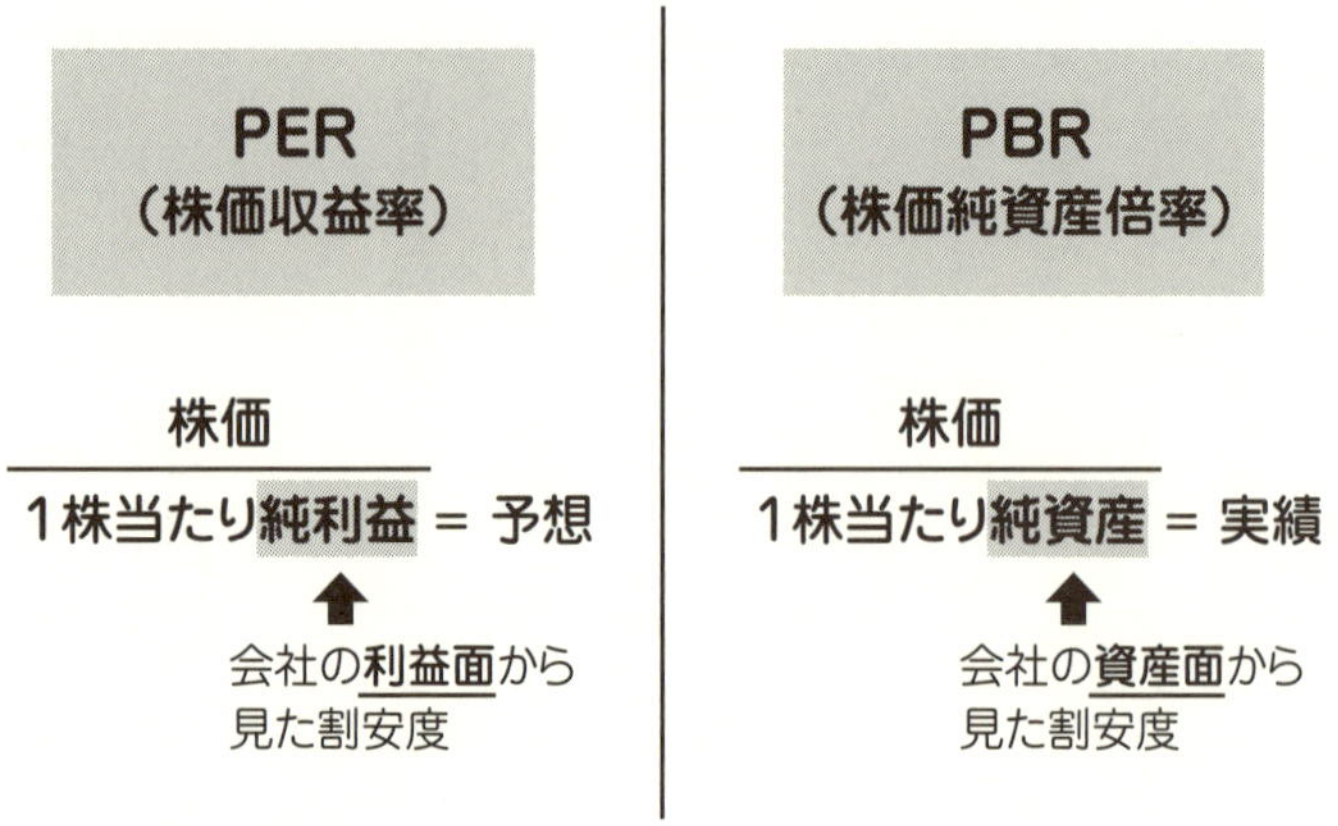

は、ＰＢＲと比べると使い方に工夫が必要です。ＰＢＲは、会社の解散価値を念頭に置くため、１倍が基準となりました。ＰＥＲには、このような絶対的な基準がありません。したがって、経験的な値から判断することになります。経験が必要なだけに、一歩進んだ指標と言えるのです。

ここでは、経験から導かれる、２つの切り口での使い方を説明します。

まず１つは、ＰＥＲ15倍を１つの目安にする方法です。15倍の意味は後ほど詳しく説明しますが、単純に言えば、会社の利益の15倍まで株価が買われているということです。

実は、これはゆるい基準で、割高なＰＥＲの銘柄を外すための見方です。

もう１つの切り口は、東証33業種内でＰＥＲの比較をすることです。図表１－17は、２０１５年

1月末の平均PERです。業種別にPERが低い方から3割ラインを下回っていると、割安と見ることができます。

ここで、15倍という基準と、業種の基準の2つを紹介しましたが、基本的には、両方をチェックして、両方の基準をクリアする銘柄を選別します。

ところで、PBRと比べてPERが一歩進んでいるからといって、PERを使った方がリターンが高まるというものではありません。どちらの指標も適切なケースで使う必要があります。

まずは15倍を基準として見る

では、なぜこの2つの条件が重要なのでしょうか。ここでは、1つめの15倍以下という点について説明します。

PERが15倍というのは、何を意味しているのでしょうか。15倍というのは、その株に投資した場合、15年間保有すれば、投資したお金がその会社の利益で回収できる見込みだということです。

こう説明すると「15年間保有しないといけないのか」と思うかもしれませんが、そうではありません。また、あくまでも理論上の話なので、15年間保有して株を売ったときに、それまでにもらった配当と株式売却益を合わせたら、投資額分になるということでもありません。

現実の株価はいろいろな要因で動きます。しかし、長期で見れば、理論的な価値を意識して動くので、こうした基準が重要なのです。

では、なぜ15倍を基準と設定したのでしょうか。それは、市場全体の過去からの平均的な水準がこのあたりであり、機関投資家などのプロも15倍程度を目安としているからです。ＰＥＲが15〜16倍を上回ってくると、割安でなくなったと考えて、それより株価が上がるためには、新技術の開発による成長など何か別の材料が必要と考えたりします。

なお、15倍以下というのは、割安と見る積極的な基準ではなく、「割高ではない」と考えるゆるい基準です。

一方、2つめの業種の基準は、積極的な判断材料です。基本的には、ＰＥＲは業種の基準をベースに用いることをおすすめします。業種の基準は3割ラインで判断するものですが、業種内で3割以下に入るというのは厳しい基準です。つまり、積極的に割安と判断する材料になります。

なお、各指標の業種別の3割ラインは、１４５ページの図表1-46を参照してください。

図表 1-17　業種別の PER 平均

業種番号	業種名	平均値	順位	業種番号	業種名	平均値	順位
1	水産・農林	12.6	9	18	精密機器	22.6	26
2	鉱業	10.9	4	19	その他製品	24.9	30
3	建設	16.3	18	20	電気・ガス	12.4	8
4	食料品	23.2	27	21	陸運	20.3	22
5	*繊維製品*	*34.7*	*33*	22	海運	14.1	12
6	パルプ・紙	15.6	15	23	空運	15.9	16
7	化学	20.3	21	24	倉庫・運輸	19.5	20
8	*医薬品*	*29.3*	*32*	25	情報・通信	15.6	14
9	石油・石炭	22.4	25	**26**	**卸売**	**10.3**	**2**
10	ゴム製品	12.0	7	27	小売	23.9	28
11	ガラス土石	20.7	23	**28**	**銀行**	**9.5**	**1**
12	鉄鋼	13.6	11	29	証券	11.4	6
13	**非鉄金属**	**10.6**	**3**	30	保険	14.7	13
14	金属製品	16.2	17	31	その他金融	11.2	5
15	機械	18.0	19	32	不動産	24.7	29
16	電気機器	22.0	24	*33*	*サービス*	*26.6*	*31*
17	輸送用機器	12.9	10				

（出所）大和証券資料より抜粋
（注）低 PER の方から上位３位は太字、下位３位は斜体。平均値の単位：倍
2015 年 1 月末現在

▼業種ごとに水準が大きく異なる

次に、ＰＥＲを業種のなかで比較する方法を説明します。ＰＥＲは業種ごとに水準が大きく異なります。

図表１－17を見てみましょう。ＰＥＲの業種平均を比較しています。

たとえば、銀行の平均ＰＥＲは９・５倍で、もっとも低ＰＥＲの業種です。

一方、繊維製品は34・７倍となりもっとも高ＰＥＲとなりました。自動車などの銘柄が構成する輸送用機器は10位と比較的低ＰＥＲの水準です。なぜこれほどまでに水準が異なるのでしょうか。

理由は２つあります。

１つめは、ＰＥＲは「予想株価÷１株当たり利益（ＥＰＳ）」で算出しますが、１株当たり利益は予想の数値を使います。予想ですから、当然、その期の会計年度が終わらないと、実際の数字に近かったか（正解に近いか）、本当のところはわかりません。

自動車など海外で稼ぐ比率が大きい業種は、為替の変動に大きく利益が左右されます。たとえば、１ドル１００円のときに、１０００万ドルの売り上げを計上したとします。円ベースで見ると、「１０００万×１００円」で10億円分の価値になります。仮に円安に動いて１ドル１２０円になったとしたら、同じ１０００万ドルが12億円にふくれ上がります。

このように、円安であれば利益は膨らみますが、反対に円高だと利益が減ってしまいます。海外で稼ぐ会社は、為替の変動に利益が左右される分、予想が難しくなります。

したがって、予想利益で計算してＰＥＲが10倍となっていても、利益が大きく減少すれば、ＰＥＲはもっと高くなる（割高になる）かもしれません。

このように不確実性が高い業種の場合、それだけ慎重に評価されて、ＰＥＲが低く放置される傾向があるのです。

２つめの理由は、会社の成長期待によるものです。ＰＥＲが10倍ということは、理論的には、10年間で利益が回収できるという意味があることは先に説明しました。

しかし、仮に業績がどんどん落ち込んでいる業界だとしたらどうでしょうか。10年間で回収できると思っていたのに、実際にはもっと長い時間がかかるかもしれません。あるいは反対に、成長業界だったら利益の回収期間はもっと早くなるでしょう。

このような2つの理由から業種別にＰＥＲの水準が異なるため、業種のなかで割安か割高かの判断をする必要が出てくるのです。

3種類の利益の意味

ＰＥＲの計算には予想利益を使います。ここで、利益の見方の注意点を説明します。チェック項目は2つあります。

1つめは、利益が経常的なものであるということです。これはどういうことでしょうか。経常的というのは、特殊要因による利益が出ていないということです。この「特殊要因ではない」ということは、とても重要です。一時的に利益がふくらんだために、ＰＥＲが下がって割安に見える銘柄を除かなければならないためです。

こうした点をチェックするには、次にあげる利益のチェックが必要になります。利益には3種類あります。営業利益、経常利益と純（税引き）利益です。

株式投資をする際にもっとも注目する必要がある利益は純利益です。なぜならば、純利益はすべて株主のモノだからです。一方、営業利益や経常利益は株主以外にも分配しない

図表1-18　利益の種類

営業利益　本来の活動で得る利益

＋受取利息・配当金
－支払利息・割当料
｝本業ではないが経常的に受け取りや支払う部分を加減算

経常利益　経常的に得る利益

＋特別利益
－特別損失
｝資産の売却などによる特別な利益や損失

税引前当期利益

－法人税など

純利益（税引利益）

といけない利益です。この点は、次項で詳しく説明します。

ただし、だからといって、営業利益や経常利益は大切ではないと言っているのではありません。利益をチェックしていくうえでの優先順位の面では、純利益が一番なのです。

では、営業利益と経常利益とは何でしょうか。

営業利益は、文字どおり、会社が本来の活動で得た利益です。たとえば、パン屋さんであれば、パンを作って売った利益ですし、不動産屋さんであれば、不動産の売買仲介で得た利益が営業利益になります。

ところで、会社は、ほかの会社の株を保有することがあります。これにはいろいろな理由があります。

たとえば、保険会社であれば、お付き合いのある会社との関係を強めるために、ほかの会社の株を保有することがあります。このような保有を、政策保有と呼んだりもします。

こうした政策保有の株からも、当然、配当を受け取ります。ただ、これは会社が本業である保険から得た利益ではありません。したがって、営業利益には含まれません。

このような配当の収入などを営業利益に加算したのが経常利益です。実は、こうした政策保有の株だけでなく、たとえば、純粋に投資の観点で保有した他社の株の配当も経常利益に含まれます。逆に、お金を借りていた場合の利息の支払いは費用の項目になります。

つまり、「営業利益＋受取利息・配当金－支払利息・割引料＝経常利益」となります。

このように、会社の本来の業務以外から得た利益はほかにもあります。たとえば、50年前から都心の一等地に土地を持っていたとします。その土地を売ったら、買ったときの値段と比べて値上がり分の利益が出ました。こうした利益も、本業からの利益ではありません。

政策保有株の配当も、土地の売却益も、どちらも本業からの利益ではありませんが、少々性格が異なります。政策保有株からの配当は、配当をやめたり、株を売ったりすると、翌年以降はなくなってしまいます。しかし、そういった変化がなければ、経常的に受け取れるものです。こうした収益は、経常利益にカウントされます。

一方、土地の売却益は、その土地を売ってしまったら、当然、来年はありません。こうした特別なものは経常利益には入らず、特別利益としてカウントされます。あるいは、土地が簿価（基本的には買った値段）より安くしか売れない場合には、特別損失が出てしまいます。経常利益に特別利益を加え、特別損失を引いたものが税引前当期利益と呼ばれます。

そして、純利益は、税引前当期利益から法人税などの税金を引いた数値を経常利益に加えたものです。厳密な利益の計算方法はもっと複雑なルールがありますが、感覚的には以上のようなイメージでとらえれば十分でしょう。

先に説明したように、ＰＥＲは、計算のベースになる利益がどの程度持続的か、という点が重要です。ところが、純利益には、特別利益と特別損失の分が入っていますから、その分は持続的とは言えません。そのように考えると、純利益より経常利益を見る方が良いと考えられます。

しかし、その一方で、株主に帰属する利益は純利益なので、株主の利益という点では純利益を見るべきです。何だか難しいですね。

そこで、次のチェック方法をおすすめします。

図表1-19　PERを使った銘柄選別方法

低PER銘柄の特定

① 純利益チェック

$$60\% < \frac{\text{予想純利益}}{\text{予想経常利益}} < 70\%$$

Yes → 予想純利益を使って予想PERを求める

No → 「予想経常利益×0.65＝予想純利益」として予想PERを求める

↓

② 予想PERが15倍以下

↓

③ 予想PERが業種内で低い方から3割ライン以下

「60％＜純利益／経常利益＜70％（0・6と0・7の間）」なら、純利益でそのままPERを計算します。この範囲から離れたら、「経常利益×0・65」を純利益と見て、PERを計算します。

これは、法人税などの実効税率を、35％として試算するためです（正確に言えば、実効税率は15年3月末からは35・64％）。基本的には、特別利益や特別損失が大きくなければ、おおむね純利益は経常利益の65％ぐらいになります。

▼なぜ純利益は株主のものなのか

このようなややこしいチェックをするなら、純利益を使ってPERを計算せずに、最初から経常利益を使えばいいじゃないか

図表1-20　利益から引かれるもの

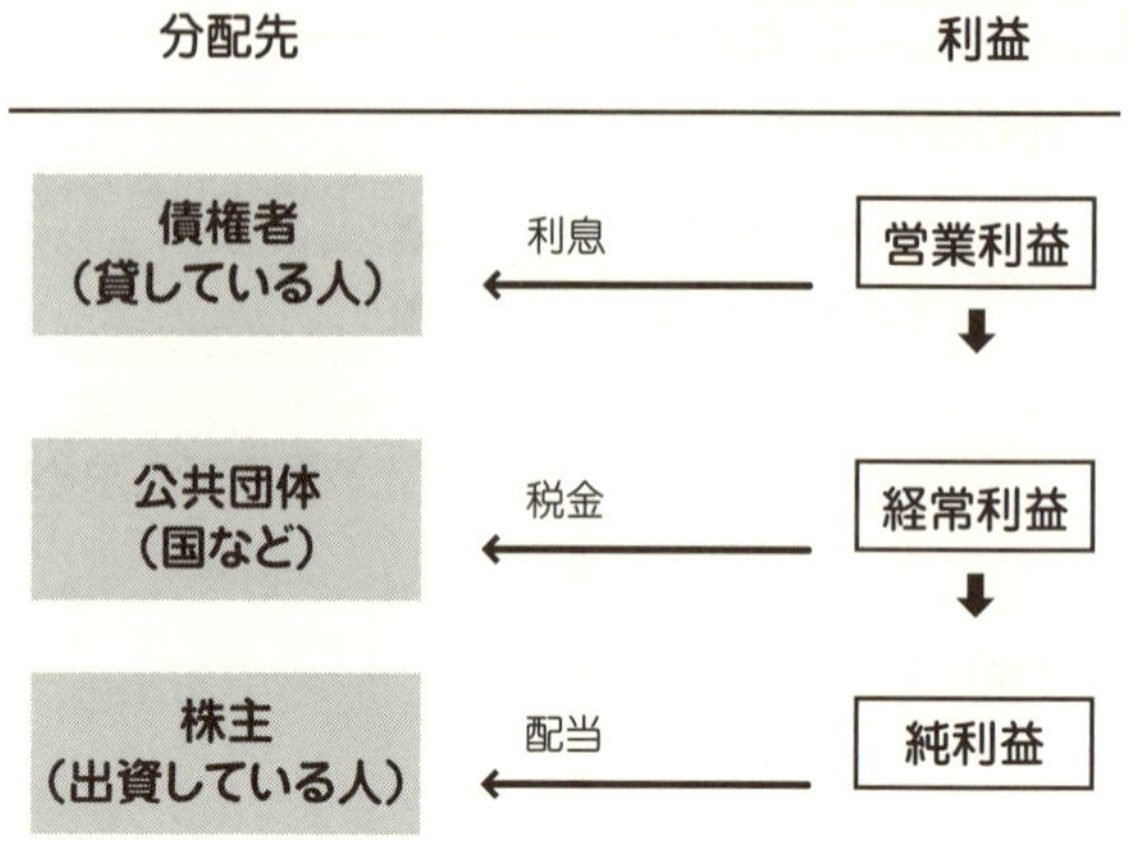

と思う人もいるかもしれません。確かに、運用のプロの機関投資家の間でも、そのように経常利益を使ってＰＥＲを計算する場合もあります。

しかし、株主の利益は本来、純利益ですので、株式市場で評価されるのは、本来あるべきＰＥＲになります。では、そもそも、なぜ純利益は株主のものなのでしょうか。

まず、営業利益は、先に説明したとおり、会社の営業活動から得た利益です。会社は営業活動をするために、株主から出資金を、銀行などからは借入金を得るなどしてお金を集めます。

借入金に対しては利息を支払いますし、株主に対しては配当を支払います。また、もう１つ忘れてはいけないのが税金です。営業活動をした結果、得られた利益である営業利益から、借入金に対する利息、株主への配当と税金を支払わないといけません。

経常利益は、「営業利益＋受取利息・配当金－支払利息・割引料」で計算されます。経常利益の段階で借入金の利息は支払われていますから、そのあとは配当と税金が引かれます。

最後に、純利益ですが、この段階では税金も引かれています。つまり、最後に残った純利益は、株主のものということになるのです。実際には純利益の一部が配当として株主に支払われますが、残ったものは将来の配当になるという意味です。

▶利益は予想か、実績か

株価は会社の将来に先行して動きます。検証してみると、株価はおおむね1年から2年先の業績を見て動きます。予想の利益から見て株価が売られすぎなら、将来の株価は上昇しやすいですし、予想利益と比べて株価が上がりすぎていたら、将来の株価は下落する傾向があります。

ただし、予想はあくまでも予想ですから、外れることもあります。会社は毎年度のスタートの時期に、前年度の業績の結果を報告します。これが本決算発表と言われるものですが、多くの会社は、この決算発表と同時にスタートした年度の利益の予想（計画）を公表します。

「日経会社情報」でも今年度の予想利益を掲載していますが、１年後の将来のことですから何が起こるかわかりません。

そうなると、予想を使っても、そもそもの予想が確からしくなければ意味がありません。

そこで、実際に検証してみました。ＰＥＲを使った分析です。ＰＥＲは「株価÷１株当たり純利益」で計算されます。

ここで、１株当たりの純利益に、予想利益を使ったものを予想ＰＥＲ、実績利益を使ったものを実績ＰＥＲとしましょう。

２割ポートフォリオで検証してみます。毎月の月末、東証１部に上場する会社の低ＰＥＲから２割に入る銘柄に、それぞれ同じ額投資したと考えた場合の分析です。毎月の月末で２割に入る銘柄を見直します。この検証を予想ＰＥＲと実績ＰＥＲで行ってみました。過去30年間のデータを使用しています。

図表１－21は、それぞれ２割に入る銘柄の投資パフォーマンスです。わかりやすくするため、東証１部の全銘柄の平均的なリターン（収益率）を毎月引いて超過リターンを計算し、それを月次で累積しています。

２つのグラフを比較すると、予想ＰＥＲの方が累積リターンが高い水準になっています。

図表1-21 予想PERと実績PERの2割ポートフォリオの累積超過リターンの比較

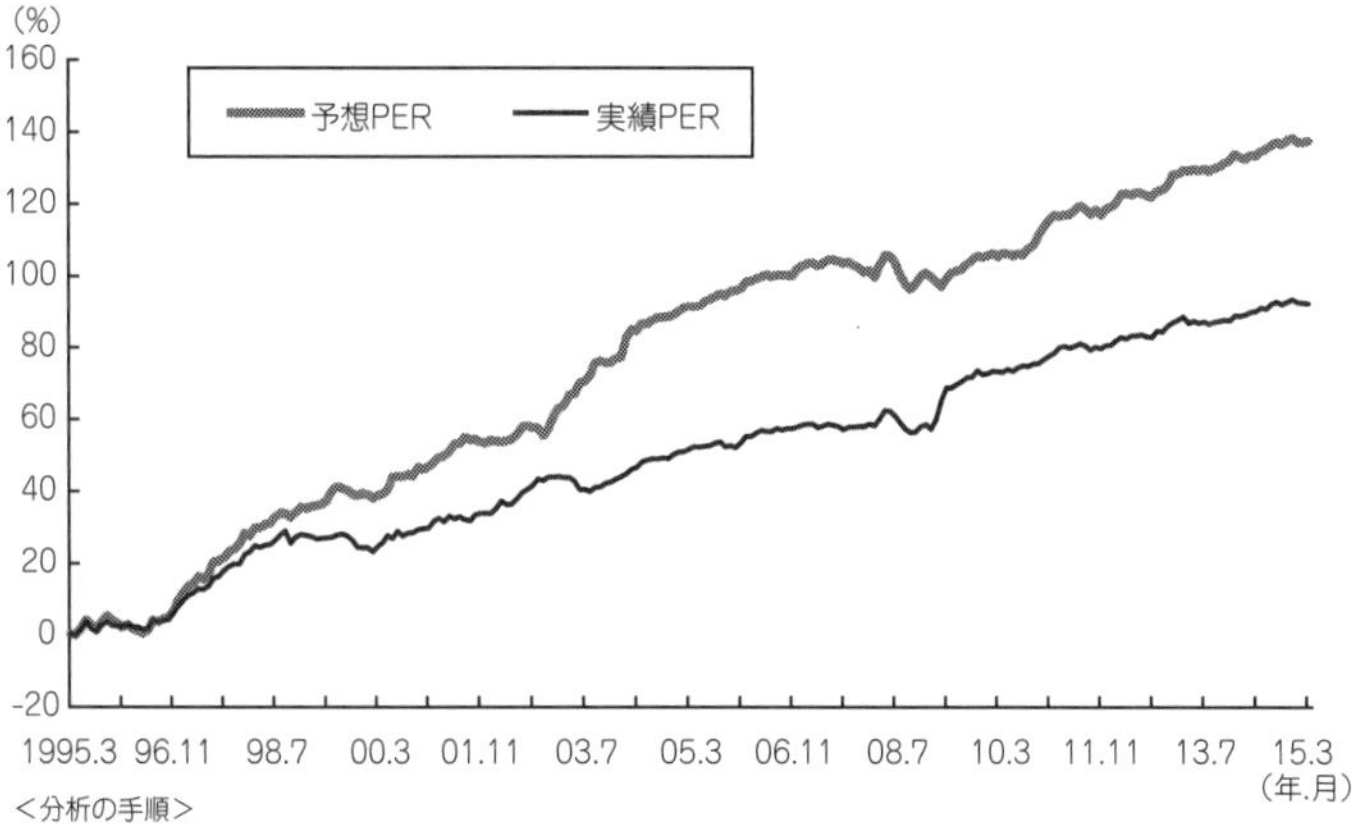

＜分析の手順＞

1）毎月末で、東証1部企業を対象に、それぞれの指標の魅力が高い順から並べて、上位から2割の銘柄を選ぶ。
2）それらの2割の銘柄の翌月の単純平均リターンを求める。
3）一方、東証1部のすべての会社の単純平均リターンを求める。
4）2割ポートフォリオのリターンから、東証1部企業のリターンを引く。これが超過リターン。
5）毎月、累積していく（単純に前月までの値に当月の超過リターンを足す）。

（出所）大和証券資料より抜粋

分析結果からも、予想値を使った方が実績値よりパフォーマンスが良いことがわかります。したがって、投資指標を計算するときに使う利益は、取得が可能であれば予想データを使うようにしましょう。

たとえば、次項で、PCFR（株価キャッシュフロー倍率）という指標も紹介しています。

後ほど詳しく説明しますが、この指標は「株価÷1株当たりのキャッシュフロー」で計算されます。キャッシュフローは、「純利益＋減価償却費」で求めます。純利益も減価償却費も予想値が取得できれば予想値を使いますが、仮に予想値がなければ実績値を使います。

つまり、計算する財務項目は予想と実績が混在してもよいのです。運用実務の世界では、予想がなければ実績で代替します。ですので、予想値が取れるなら、できる限り予想値を使いましょう。

また、「日経会社情報」では、今年度の予想に加えて、もう１つ先の年度の予想利益が掲載されているケースもあります。こうした場合は、なるべく先の予想値を使うことをおすすめします。

05 ＰＣＦＲ（株価キャッシュフロー倍率）——現金を基準に割安を判断

PCFR

▼時価総額とＣＦを比べる

ここでは、ＰＥＲからさらに一歩進めた指標である株価キャッシュフロー倍率（Price Cash Flow Ratio：ＰＣＦＲ、ピーシーエフアール）の説明をします。

まずは計算式から確認しましょう。ＰＣＦＲは、「株価÷１株当たりのキャッシュフロー（ＣＦ）」で計算されます。分母の１株当たりのＣＦに対して、株価が何倍まで買われているか、を見るものです。一般的には、この値が低い方が割安（魅力度が高い）とされます。ＰＢＲやＰＥＲと同様に、１株当たりではなく、会社全体で考えると、「時価総額÷ＣＦ」となります。

実際に、「日経会社情報２０１５春号」を使って見てみましょう。１３５５ページの証券コード７７５１のキヤノンを例にあげます。

ＣＦには３つの種類があります。この誌面にあるように、営業ＣＦは５８３９億円、投

図表 1-22　「日経会社情報」　7751　キヤノン

【株価】東3869円
単位100株
1単位 38万6900円

【市場】東,名,福,札,NY,貸借
PER16.2倍　時価51603億円
PBR1.4倍　配当利回り3.9%

【QUICKコンセンサス】〈14社〉

15.12連S予	3,831,053	382,993	390,693	2
16.12連S予	3,847,992	391,023	398,285	2
17.12連S予	3,778,521	362,686	372,186	2

【高安】	高	安	〈14〉	高	安	1日売買高
49-10	9020(06)	50(49)	10	3595.5	3172.0	5855
11	4280(1)	3220(11)	11	3803.5	3453.5	6771
12	4015(3)	2308(7)	12	4045.0	3732.5	5396
13	4115(5)	2913(9)	1	3950.0	3663.5	4246
14	4045(12)	2889(2)	2	3895.0	3653.5	4077

【最高益】連(億円)営業7,567(07.12) 経常7,684(07.

【前号予想との比較】営業利益➡

【普通株数・資本異動】
1,333,763千株(1.31)
10.10　株交換1:0.61:0.12
（キヤノンマシナリー他1社）

【為替レート】(影響度 百万円)
ドル　120円(円安 5,700)
ユーロ　135円(円安 2,900)

【格付】［R&I］AA+
［S&P］AA

ROE 予8.7% 前8.7%
減価償却 予2,750 前2,635
設備投資 予2,050 前1,823
研究開発 予3,200 前3,090

【財務】連S14.12(13.12)億円
総資産 44,606(42,427)
自己資本 29,782(29,103)
(1株) 2728円
自己資本比率 66.8%(68.6%)
資本金 1,748(1,748)
利益剰余金33,850(32,758)
有利子負債 22(27)

【キャッシュF】14.12(13.12)
営業CF 5,839(5,076)
投資CF ▲2,693(▲2,502)
財務CF ▲3,009(▲2,222)
現金・同等物8,446(7,889)

【株主】(14.12)単元236,509名　特定39.2%
金融28.9(28.0) 投信4.8(4.9) 法人2.6(2.7) 外国3

日本マスター信託口	5831(4.4)4.5	ステート・スト
日本トラスティ信託口	4835(3.6)3.8	野村証
第一生命	3742(2.8)2.8	損保ジャパン
バークレイズ証券	3023(2.3)2.2	ステート・スト
モクスレイ&Co.	2657(2.0)1.8	------
みずほ銀行	2256(1.7)1.7	自社保

【役員】(会長・社長CEO)御手洗冨士
中稔三(専務)足達洋六 松本繁幸 本間
榮田雅也(常務)谷泰弘(取締)長澤健一
敬 脇屋相武 木村彰良 小山内英司(3.
【従業員】(14.12)単26,409名(42歳) ㈲大21

【収益構成】(14.12)オフィス56(80),イメージング
器他11(▲6),消去▲3(▲28)【事業所】<事
都宮,小杉,玉川,川崎,他7【連結】(14.

（出所）「日経会社情報 2015 春号」

資ＣＦは▲２６９３億円、財務ＣＦは▲３００９億円です。通常、ＰＣＦＲを計算する際のＣＦは、営業ＣＦと投資ＣＦを合算した値（「５８３９億円＋▲２６９３億円＝３１４６億円」）を使います。なお、営業ＣＦと投資ＣＦを合算したものを、フリーキャッシュフロー（ＦＣＦ）と言います（これらＣＦについては、後ほど詳しく説明します）。

　このように、キヤノンのＰＣＦＲは、「時価総額５１６０３億円÷ＦＣＦ３１４６億円＝16・４倍」となります。

▼現金の流れと売り上げの関係

　ところで、キャッシュフローって何でしょうか。

キャッシュという言葉からはなんとなく現金を連想しますし、フローという言葉からは流れというようなイメージをします。そうです、キャッシュフローは会社の現金の流れなのです。つまるところ、受け取った現金から支払った現金を引いたものです。

これだけではわからないでしょうから、もう少し詳しく説明します。たとえば、身近な例として、100円ショップのケースを見てみましょう。

100円ショップでみなさんが買い物をするときには、現金で支払いますよね。支払いが現金のみしか認められないお店では、その年の売上高は実際にお客さんから受け取った現金と同じ額になります。

一方、仮に、この100円ショップでは、商品を仕入れる際にすべて現金で支払っていたとしたらどうでしょうか。売上高はお客さんから受け取った現金となり、売上原価（仕入）は業者に支払った現金となります。したがって、受け取った現金から支払った現金を引いた残った現金（CF）は、「売上高－売上原価」と同じです。

「なんだか、それでは利益と変わらない」と思う人もいるでしょう。実は、そうなのです。すべて現金で受け取りや支払いをするなら、この場合の利益とCFは同じになります。「売上高－売上原価」は売上総利益（粗利）と呼ばれます。

しかし、たとえば、100円ショップではなく、会社の間で売買をするケースを考えま

図表1-23　すべて現金での決済のケース

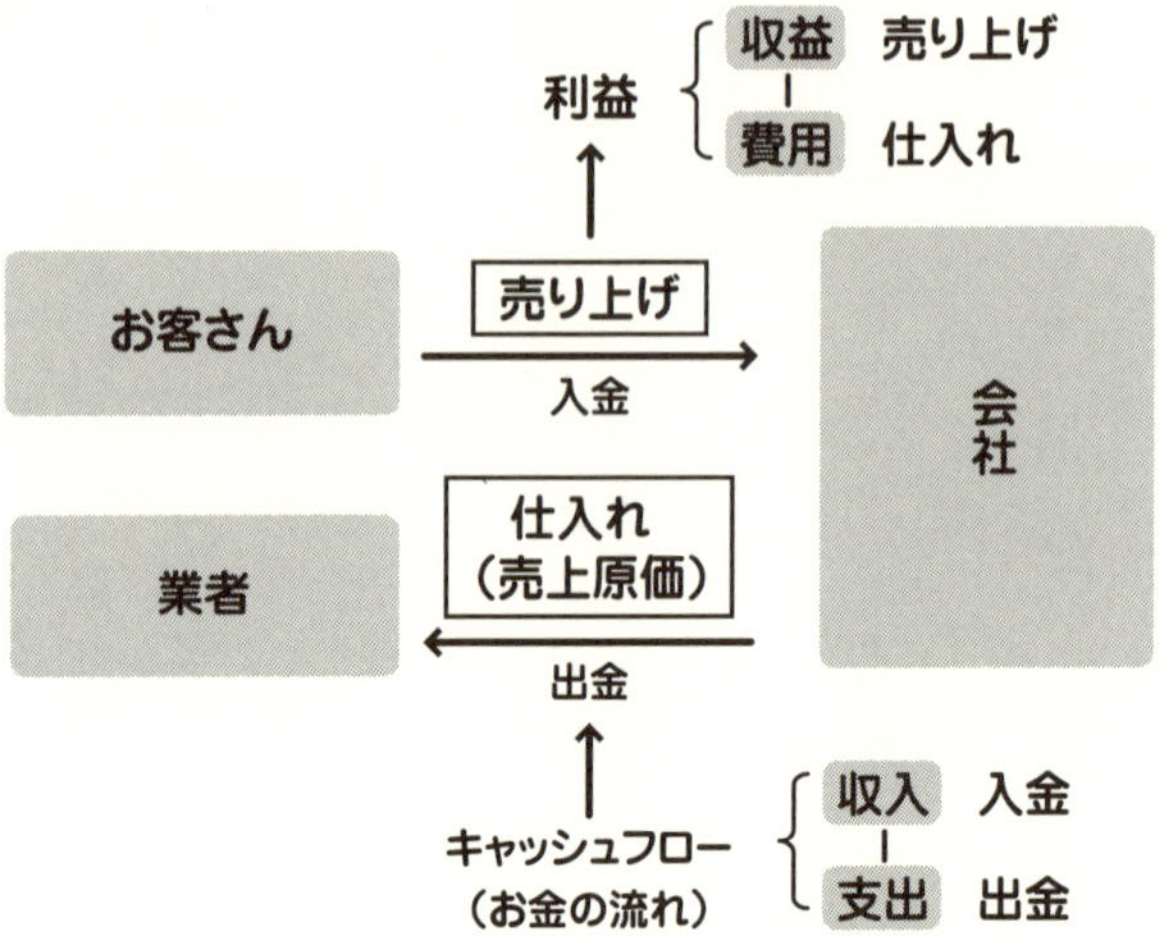

しょう。ある電機メーカーが電器屋さんに炊飯器を10個売ったとします。この場合、電器屋さんから見ると、電機メーカーから商品の仕入れをしたということになりますよね。電器屋さんは、炊飯器10個を受け取ったと同時に現金をメーカーに支払えば、モノとカネの動きがとても単純です。

ところが、電器屋さんは炊飯器のほかに、冷蔵庫や電子レンジなどいろいろなモノを電機メーカーから仕入れているとします。一度にすべてを仕入れて同時にお金を支払えばわかりやすいのですが、冷蔵庫や電子レンジの納品の日がバラバラだった場合、電器屋さんはその度にお金を払うのは手持ちのお金の管理が大変ですし、電機メーカーの会計担当も請求書がとても多くなり、事務処理が面倒になります。そこで、支払い日は毎月1回と決めて、それに向けて毎月の請求を行った方が効率的となります。

このようなケースでは、実際に電機メーカーが電器屋さんに冷蔵庫を売り上げても、代金を受け取っていない状態となります。こうした代金を受け取っていない分を、売掛金と言います。

ＣＦの計算は、こうした代金を受け取っていない部分を、「本当には売り上げていない」と厳しく考えるものです。もし電器屋さんが突然、倒産してしまったら、売り上げた部分のお金は受け取れないかもしれません。そのように厳しい基準で会社の収入を見るものです。

▶PERとPCFRのどちらが重要か

ここまで、ＰＣＦＲの計算方法と使い方を説明しました。

ＣＦを使ったＰＣＦＲと、利益を使ったＰＥＲでは、どちらを重視したらよいのでしょうか。時と場合にもよりますが、どちらかと言えばＰＥＲがより重視すべき指標です。なぜでしょうか。

それは、会社の価値をとらえるには、ＣＦよりも利益が重要だからです。ＣＦは本当のお金の出入りですし、現実の会社のパフォーマンスを見るには良さそうな気がするかもしれません。しかし、考えてみましょう。

そもそも、お金がどれだけ増えたか減ったかを見て会社のパフォーマンスの実体がつかめるなら、あえて利益を会計原則に則って計算する必要はないはずです。しかし、先に説明したとおり、経済活動が発達してくると、売り上げて商品を引き渡しても代金の回収が後になったりします。

お金が本当に後で回収できるなら、売り上げたときにカウントされる利益を使った方が、会社の実際の経済活動を正確に示しますよね。

たとえば、自動車販売会社の業績をチェックする際、何台車が売れたかを見るには、本当に車が売れたときにカウントするのが良いでしょう。自動車ローンのお金をすべて回収したときに売り上げが立つというのは、直感的にも違和感があります（厳密には、自動車ローンは信販会社に対するローンとなりますが、ここでは話を単純にしています）。

それなら逆に、「ＣＦを見ないで利益だけを見ればいいじゃないか」と思うかもしれません。確かに、そのとおりとも言えます。売り上げた分のお金をキチンとすべて回収できるなら、利益だけで問題はありません。

しかし、お金を回収することができないことがあるかもしれません。先に説明した電器屋さんが倒産したような場合です。特に、景気が悪いときには、そういうケースが増える可能性があります。

第2章で詳しく説明しますが、ＰＣＦＲは、このように景気が厳しくなってきたときに、単独ではなく、ＰＥＲと合わせて使うと効果的です。

ＰＣＦＲがＰＥＲの補完的に使う指標で、ＰＥＲをより重視すべきなのには、もう1つ大きな理由があります。

ＰＥＲの項で説明したように、株価は実績よりも予想に反応して動きます。株価は会社の将来の姿を先取りするためです。ところが、ＰＣＦＲは一般に予想値が取れないデータです。

通常、会社は前年度の決算を発表する際に（3月期決算会社なら4月下旬から5月中旬）、その年の業績の予想を公表します。この際、利益や配当の予想（というよりは会社側の計画）は明らかにしますが、ＣＦの予想は公表しません。こうした動きに対応して、証券会社のアナリストもＣＦ予想は公表しません（予想自体は行うケースも少なくないのですが）。このため、ＣＦを使う投資指標は実績ベースになってしまいます。

実は、予想データが公表されないため、少々無理をして予想のＣＦを計算することもあります。予想純利益に、予想（あるいは実績）の減価償却費を合計する方法です。

図表1-24　「日経会社情報」　７７５１　キヤノン

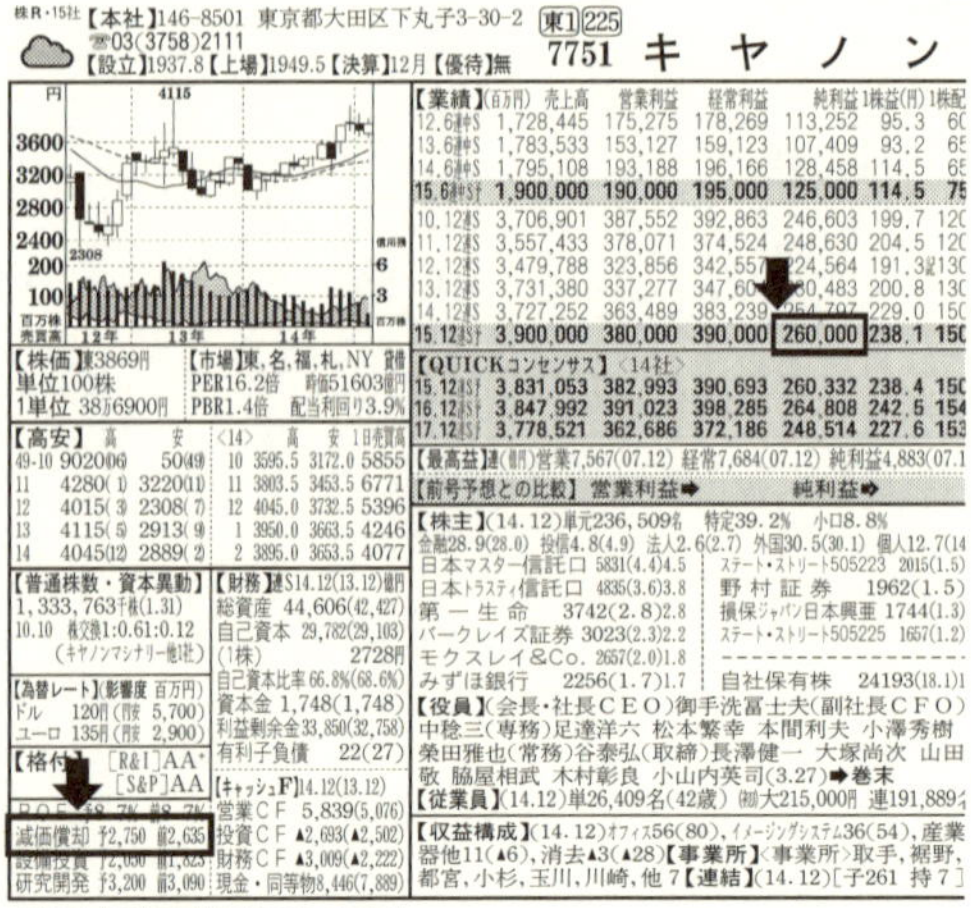

株R・15社【本社】146-8501 東京都大田区下丸子3-30-2 東1 225
☎03(3758)2111
【設立】1937.8【上場】1949.5【決算】12月【優待】無

7751 キ ヤ ノ ン

【業績】(百万円)	売上高	営業利益	経常利益	純利益	1株益(円)	1株配
12.6連中S	1,728,445	175,275	178,269	113,252	95.3	6[illegible]
13.6連中S	1,783,533	153,127	159,123	107,409	93.2	6[illegible]
14.6連中S	1,795,108	193,188	196,166	128,458	114.5	6[illegible]
15.6連中S予	1,900,000	190,000	195,000	125,000	114.5	7[illegible]
10.12連S	3,706,901	387,552	392,863	246,603	199.7	12[illegible]
11.12連S	3,557,433	378,071	374,524	248,630	204.5	12[illegible]
12.12連S	3,479,788	323,856	342,557	[illegible]24,564	191.3	13[illegible]
13.12連S	3,731,380	337,277	347,60[illegible]	[illegible]30,483	200.8	13[illegible]
14.12連S	3,727,252	363,489	383,239	254,797	229.0	15[illegible]
15.12連S予	3,900,000	380,000	390,000	260,000	238.1	15[illegible]
【QUICKコンセンサス】〈14社〉						
15.12連S予	3,831,053	382,993	390,693	260,332	238.4	15[illegible]
16.12連S予	3,847,992	391,023	398,285	264,808	242.5	154
17.12連S予	3,778,521	362,686	372,186	248,514	227.6	153

【最高益】連(億円)営業7,567(07.12) 経常7,684(07.12) 純利益4,883(07.1
【前号予想との比較】 営業利益➡ 純利益➡

【株価】東3869円 単位100株 1単位 38万6900円
【市場】東,名,福,札,NY 貸借 PER16.2倍 時価51603億円 PBR1.4倍 配当利回り3.9%

【高安】	高	安	〈14〉	高	安	1日売買高
49-10	9020(06)	50(49)	10	3595.5	3172.0	5855
11	4280(1)	3220(11)	11	3803.5	3453.5	6771
12	4015(3)	2308(7)	12	4045.0	3732.5	5396
13	4115(5)	2913(9)	1	3950.0	3663.5	4246
14	4045(12)	2889(2)	2	3895.0	3653.5	4077

【普通株数・資本異動】1,333,763千株(1.31)
10.10 株交換1:0.61:0.12 (キヤノンマシナリー他1社)

【為替レート】(影響度 百万円)
ドル 120円(円安 5,700)
ユーロ 135円(円安 2,900)

【格付】[R&I]AA+ [S&P]AA
ROE 予8.7% 前8.7%
減価償却 予2,750 前2,635
設備投資 予2,0[illegible] 前1,8[illegible]
研究開発 予3,200 前3,090

【財務】連S14.12(13.12)億円
総資産 44,606(42,427)
自己資本 29,782(29,103)
(1株) 2728円
自己資本比率 66.8%(68.6%)
資本金 1,748(1,748)
利益剰余金33,850(32,758)
有利子負債 22(27)

【キャッシュF】14.12(13.12)
営業ＣＦ 5,839(5,076)
投資ＣＦ ▲2,693(▲2,502)
財務ＣＦ ▲3,009(▲2,222)
現金・同等物8,446(7,889)

【株主】(14.12)単元236,509名 特定39.2% 小口8.8%
金融28.9(28.0) 投信4.8(4.9) 法人2.6(2.7) 外国30.5(30.1) 個人12.7(14
日本マスター信託口 5831(4.4)4.5
日本トラスティ信託口 4835(3.6)3.8
第一生命 3742(2.8)2.8
バークレイズ証券 3023(2.3)2.2
モクスレイ&Co. 2657(2.0)1.8
みずほ銀行 2256(1.7)1.7
ステート・ストリート505223 2015(1.5)
野村証券 1962(1.5)
損保ジャパン日本興亜 1744(1.3)
ステート・ストリート505225 1657(1.2)
自社保有株 24193(18.1)
【役員】(会長・社長ＣＥＯ)御手洗冨士夫(副社長ＣＦＯ)田中稔三(専務)足達洋六 松本繁幸 本間利夫 小澤秀樹 榮田雅也(常務)谷泰弘(取締)長澤健一 大塚尚次 山田敬 脇屋相武 木村彰良 小山内英司(3.27)➡巻末
【従業員】(14.12)単26,409名(42歳) 年大215,000円 連191,889
【収益構成】(14.12)オフィス56(80),イメージングシステム36(54),産業機器他11(▲6),消去▲3(▲28)【事業所】〈事業所〉取手,裾野,宇都宮,小杉,玉川,川崎,他７【連結】(14.12)[子261 持７]

（出所）「日経会社情報2015春号」

たとえば、キヤノンの場合を例にとってみましょう。減価償却費の予想は２７５０億円となっています。これに予想純利益の２６００億円を足すと、合計の５３５０億円が予想らしいＣＦとなります。「予想らしい」ＣＦというと聞こえが良くないので、みなし予想ＣＦとでも呼びましょうか。

機関投資家がＰＣＦＲをチェックする場合は、こうしたみなし予想ＣＦを用い、減価償却費も、予想の代わりに実績の減価償却費を使うケースが多くあります。

この項の冒頭で、ＣＦにはＦＣＦを用いると説明しましたが、このように計算した予想ＣＦは、ＦＣＦとはまったく別もので、純粋に実務的かつ簡便な計算ルールと理解しておくとよいでしょう。

業種によって大きな差が出る理由

では、実際に、どのようにＰＣＦＲを使ったらよいのでしょうか。

ＰＣＦＲもＰＥＲ以上に業種による差が大きい指標です。ですので、業種内でＰＣＦＲが低い方から３割以下という条件で、銘柄選別をする必要があります。ＰＥＲと合わせて使うときは、ＰＥＲが低い方から３割以下をクリアしていることと合わせて、ＰＣＦＲも低い方から３割以下をクリアするという条件を加えます。

図表１－25では、この低ＰＣＦＲからの３割ラインとともに、業種の平均値も掲載しています。業種によって平均の水準が大きく違うことがわかりますよね。

もっとも業種平均が低いのは、電力・ガスの２・９倍です。これに対して、もっとも高いのは、医薬品の17・０倍です（ここでは、予想ＣＦとして、もっとも簡単な「予想純利益＋実績減価償却費」を用いています）。

設備投資などによる減価償却費が大きい業種ほど、ＣＦの計算では純利益に加算する値が大きくなるため、ＣＦがふくらみます（ＣＦの計算については後ほど説明します）。そのため、ＰＣＦＲが低くなりやすいのです。

図表1-25　PCFRの業種別平均と低い方から3割ラインの水準

業種番号		平均値		3割ライン	
		値	順位	値	順位
1	水産・農林	5.6	6	4.1	6
2	鉱業	8.0	14	**3.6**	**2**
3	建設	12.2	24	8.8	26
4	食料品	12.4	25	8.2	23
5	繊維製品	11.0	20	6.3	15
6	パルプ・紙	**3.9**	**2**	**3.5**	**1**
7	化学	9.9	19	6.4	16
8	医薬品	*17.0*	*29*	*11.5*	*29*
9	石油・石炭	5.4	4	3.7	4
10	ゴム製品	7.3	12	5.2	9
11	ガラス土石	7.4	13	5.5	12
12	鉄鋼	5.6	7	5.4	11
13	非鉄金属	5.4	5	4.2	7
14	金属製品	8.1	16	6.2	14
15	機械	11.0	21	8.4	25

業種番号		平均値		3割ライン	
		値	順位	値	順位
16	電気機器	9.0	17	6.6	18
17	輸送用機器	7.0	11	4.2	8
18	精密機器	13.2	26	8.3	24
19	その他製品	12.0	23	7.1	20
20	電気・ガス	**2.9**	**1**	3.9	5
21	陸運	8.1	15	6.1	13
22	海運	**4.1**	**3**	**3.7**	**3**
23	空運	6.7	10	6.6	17
24	倉庫・運輸	9.7	18	5.2	10
25	情報・通信	6.1	8	*9.2*	*27*
26	卸売	6.5	9	7.0	19
27	小売	11.4	22	8.0	22
32	不動産	*15.6*	*27*	7.7	21
33	サービス	*16.5*	*28*	*10.5*	*28*

（出所）大和証券資料より抜粋
（注）低 PCFR からの上位３位は太字、下位３位は斜体。値の単位：倍
2015 年１月末現在

▼キャッシュフローが表すもの

先に説明したとおり、ＰＣＦＲの計算においては営業ＣＦと投資ＣＦを合計しました。先に紹介したように、こうした合計ＣＦのことを一般にフリーキャッシュフロー（ＦＣＦ）と呼びます。

どうして、こんな呼び方をするのでしょうか。直感的なイメージですが、会社が事業活動から獲得したお金で、株主にどのように還元するかフリー（自由）に決められるお金ということです。

さて、ＣＦを考えるうえでもう少し利益との違いを確認しましょう。大きく２つのポイントがあります。

まずは、利益と違って、ＣＦには３つの

種類があります。営業CF、投資CF、財務CFです。

営業CFとは、直感的には会社の直接の営業活動から得たお金です。電器屋さんなら、電機メーカーから商品を仕入れて、それを売り上げることでたまったお金です。

ところで、電器屋さんは、仕入れた商品を私たちに販売しますが、商品を作っている電機メーカーはどのように商売をしているのでしょうか。たとえば、炊飯器を電器屋さんに売るためには、電機メーカーは材料を仕入れて炊飯器を作らなければなりません。つまり、工場が必要となるわけです。こうした工場を作るには、機械などの投資が必要です。

投資CFとは、こうした設備投資にかかるお金のことです。設備投資は会社がお金を使うわけですから、通常はマイナスになります。また、株式などの証券へ投資をするとその購入分のお金が減ります。つまり、設備投資や証券投資など投資でお金を使うと、投資CFがマイナスになります。ただ、事業を縮小する会社は工場などをほかの会社に売却したりしますので、その場合には、売却により受け取ったお金がプラスとなります。

最後に、財務CFとは何でしょうか。財務CFは、営業や投資といった会社の本来の業務からのお金の出入りではありません。こうした本来業務から得たCFを投資家に分配したり、あるいは反対に、株式や債券を発行したりして投資家から受け取ったお金です。

近年はこの財務CFが重視されてきています。というよりも、以前はあまり意識されていませんでした。財務ＣＦは会社の資金調達や利益の投資家への配分を表すものですから、会社の本業とは関係ありません。

投資家は、「会社が将来どうなっていくか」を見極めるために、利益や売り上げなど、本業の行方ばかり意識していました。しかし、「会社が本業で儲けたお金をどのように配分するか」が、とても重要であることが最近意識されてきたのです。

▼利益とCF、3つの違い

次に、ＣＦと利益の違いを考える２つめの重要なポイントを説明します。

利益には、大きく分けて、営業利益、経常利益、純利益の３種類があります。これに対して、ＣＦにも、営業ＣＦ、投資ＣＦ、財務ＣＦの３種類があります。

このように考えると、利益にそれぞれ対応するＣＦがあっても良さそうな気がします。しかし、これまで説明してきたように、同じ「営業」という文字がついている営業利益と営業ＣＦでも対応していません。

対応していない点はさまざまにありますが、大きくあげると次の３つです。

１　営業ＣＦは税引き後だが、営業利益はまだ税金が引かれていない。

２　設備投資などに投じた費用は営業利益の計算に含められる。しかし、設備投資は営業

図表 1-26　3つのCF

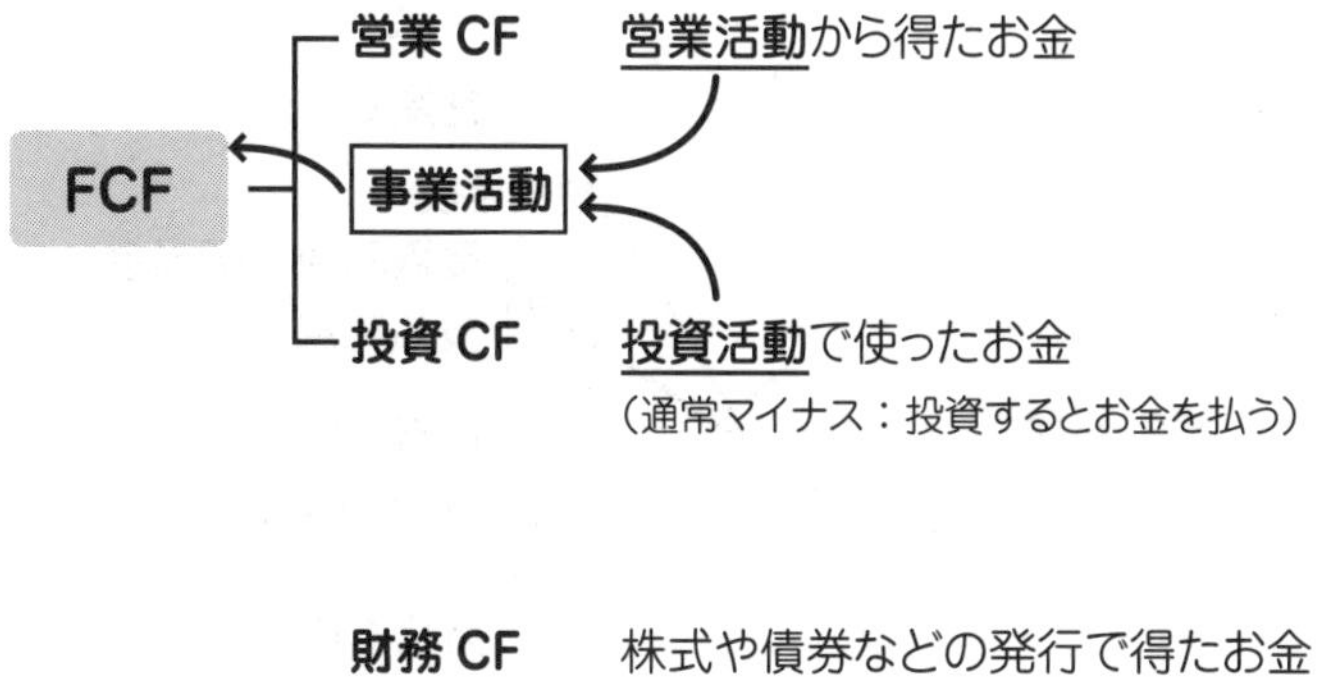

CFでなく、投資CFに当たる。

3　営業CFには、受取利息・配当金と支払利息・割引料を含む。しかし、これらは営業利益には含まれず、経常利益の段階で含まれる（「経常利益＝営業利益＋受取利息・配当金－支払利息・割引料」）。

なんだか複雑なことになっていますね。つまり、厳密に利益とそれに対応するCFを考えるのは難しいのです。

直観的には、次のようにとらえます。利益における「営業」は、会社の本来業務を示しています。ですので、設備投資にかかる費用も本業を行ううえでの費用なので、営業利益の計算には必要です。

これに対して、CFにおける「営業」は日々の業務というイメージです。日々の売り上げや仕入れについての入出金だけでなく、配当金の受け取りや支

図表 1-27　3つの利益と3つのCF

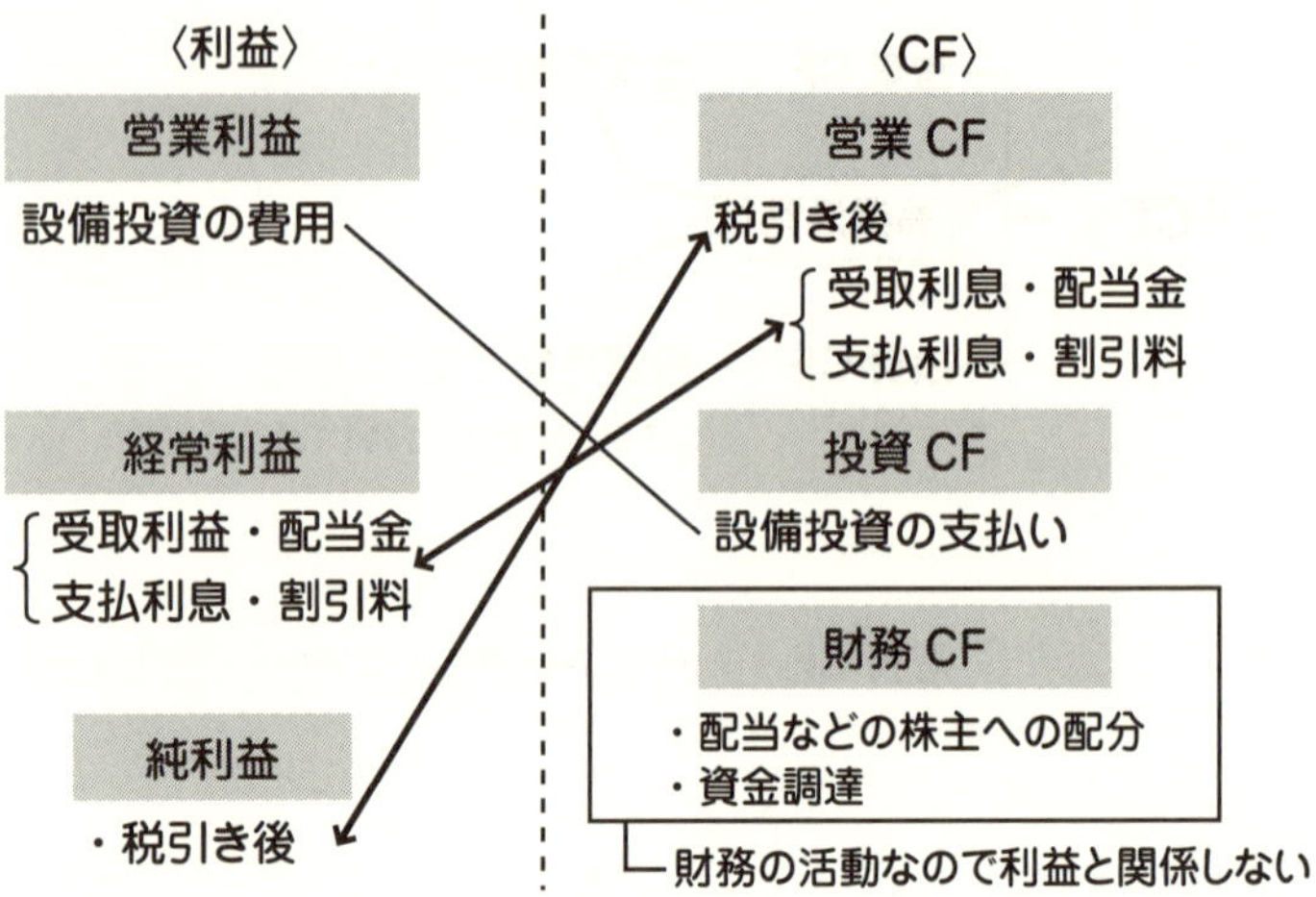

払利息なども入ります。

また、利益における「経常」は文字どおり経常的な利益で、その年の特別のものではありません。そのため、ずっと保有していれば受け取れる配当金や借入金の利息の支払いも入ります。

利益における純利益は、PERの項で述べたように、最終的に株主に帰属するものです。純利益に対応するCFとしては、FCF（営業CF＋投資CF）が用いられます。

さて、利益とCFは、売り上げと仕入れ費用の把握の仕方で違いが発生することを先に説明しました。もう1つ、利益とCFで大きな違いがあります。それは、設備投資です。

設備投資をすると、出費が投資ＣＦにカウントされ、マイナスになります。設備投資で工場を作ったり機械を買ったりすると、その後、何年間も使います。お金は設備投資をする年に一気になくなりますが、それを利用したモノ作りはその後も続きます。

そうなると、使ったお金の期間と、そのお金を使って稼ぐ売り上げの期間が対応しませんね。そこで、お金を一時に使っても、その効果がその後、何年間にもわたるときには、効果に対応して、会計上、費用を分割して計上するのです。これが毎年発生する減価償却費と呼ばれるものです。

純利益は減価償却費が除かれているので、先に触れたように、予想ＣＦを計算する際には、減価償却費を加算することで実際に稼ぐ現金額を推測するのです。

▼フローとストックを混同しない

さて、投資指標でキャッシュと言うとき、これまで述べてきたキャッシュのフロー（流れ）とストック（保有額）の２種類があります。ストックとフローは混同してとらえられることがあるので、改めてこれら２つの意味を確認しておきましょう。

これまで述べたように、キャッシュフロー（ＣＦ）はお金の流れを表し、１年間に会社がどの程度、お金を稼いだかをチェックするものです。単純に言えば、１年間でどれだけお金が増えたか減ったか（つまりフロー）を見ます。たとえば、資金繰りに困っているお客に販売して資金回収ができなくなるといった無理はせずに、きちんと資金を回収して堅実経営をしているかどうかをチェックします。

これに対して、一般にキャッシュというと、その会社がある時点で持っているお金（ストック）を表します。毎年、決算期末に、会社は貸借対照表を公表して財政状態を明らかにします。貸借対照表には、キャッシュ（現金・現金同等物）の額が示されています。キャッシュリッチな会社という場合、この額が多いということです。

キャッシュの話をするときは、フロー（増減）のことなのか、それともある時点の保有額のことなのか、どちらに重点を置いているかを知っておく必要があります。

06
ＥＶ／ＥＢＩＴＤＡ——買収価値を測る

プロでは広く使われる指標

ＰＣＦＲと同じように、キャッシュフロー（ＣＦ）を使った投資指標でよく使われるものに、ＥＶ／ＥＢＩＴＤＡ（イーブイ・イービットディーエー）があります。聞いたことがない人も少なくないと思いますが、機関投資家など運用のプロの世界では広く使われる指標ですので、チェックする必要があります。

まずは計算方法を説明します。

ＥＶとＥＢＩＴＤＡをそれぞれ求めてみましょう。ＥＶは「有利子負債＋時価総額－現金・現金同等物」です。「日経会社情報２０１５春号」で見てみましょう。８０７ページの証券コード５１０８ブリヂストンを例にあげます。

ブリヂストンの有利子負債は５７９４億円、時価総額が３７１９９億円ですから、これらを足して、現金・現金同等物の３９０２億円を引くと３９０９１億円なります。これが、

図表1-28 「日経会社情報」 5108 ブリヂストン

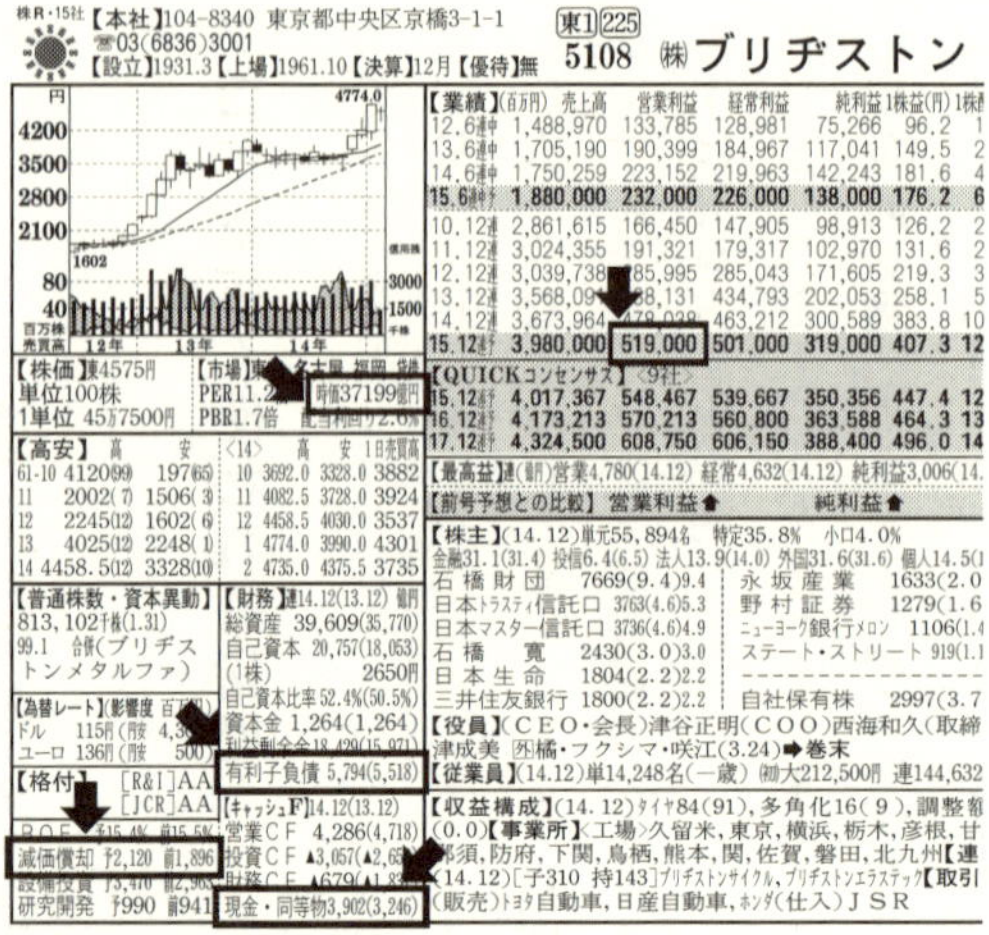
株R・15社 【本社】104-8340 東京都中央区京橋3-1-1
☎03(6836)3001
【設立】1931.3【上場】1961.10【決算】12月【優待】無
東1 225
5108 ㈱ブリヂストン

【業績】(百万円)	売上高	営業利益	経常利益	純利益	1株益(円)	1株配
12.6連中	1,488,970	133,785	128,981	75,266	96.2	1
13.6連中	1,705,190	190,399	184,967	117,041	149.5	2
14.6連中	1,750,259	223,152	219,963	142,243	181.6	4
15.6連予	1,880,000	232,000	226,000	138,000	176.2	6
10.12連	2,861,615	166,450	147,905	98,913	126.2	2
11.12連	3,024,355	191,321	179,317	102,970	131.6	2
12.12連	3,039,738	285,995	285,043	171,605	219.3	3
13.12連	3,568,09	38,131	434,793	202,053	258.1	5
14.12連	3,673,964	478,028	463,212	300,589	383.8	10
15.12連予	3,980,000	519,000	501,000	319,000	407.3	12
【QUICKコンセンサス】〈9社〉						
15.12連予	4,017,367	548,467	539,667	350,356	447.4	12
16.12連予	4,173,213	570,213	560,800	363,588	464.3	13
17.12連予	4,324,500	608,750	606,150	388,400	496.0	14

【最高益】連(億円)営業4,780(14.12) 経常4,632(14.12) 純利益3,006(14.
【前号予想との比較】 営業利益⬆ 純利益⬆

【株価】東4575円 単位100株 1単位 45万7500円
【市場】東、名古屋、福岡 PER11.2 時価37199億円 PBR1.7倍 配当利回り2.6%

【高安】	高	安	〈14〉	高	安	1日売買高
61-10	4120(99)	197(65)	10	3692.0	3328.0	3882
11	2002(7)	1506(3)	11	4082.5	3728.0	3924
12	2245(12)	1602(6)	12	4458.5	4030.0	3537
13	4025(12)	2248(1)	1	4774.0	3990.0	4301
14	4458.5(12)	3328(10)	2	4735.0	4375.5	3735

【普通株数・資本異動】813,102千株(1.31)
99.1 合併(ブリヂストンメタルファ)
【為替レート】(影響度 百万円) ドル 115円(前täk 4,3) ユーロ 136円(前提 500)
【格付】[R&I]AA [JCR]AA
ROE 予15.4% 前15.5%
減価償却 予2,120 前1,896
設備投資 予3,470 前2,965
研究開発 予990 前941

【財務】連14.12(13.12) 億円
総資産 39,609(35,770)
自己資本 20,757(18,053)
(1株) 2650円
自己資本比率 52.4%(50.5%)
資本金 1,264(1,264)
利益剰余金 18,429(15,971)
有利子負債 5,794(5,518)
【キャッシュF】14.12(13.12)
営業CF 4,286(4,718)
投資CF ▲3,057(▲2,65)
財務CF ▲679(▲1,83)
現金・同等物3,902(3,246)

【株主】(14.12)単元55,894名 特定35.8% 小口4.0%
金融31.1(31.4) 投信6.4(6.5) 法人13.9(14.0) 外国31.6(31.6) 個人14.5(
石橋財団 7669(9.4)9.4
日本トラスティ信託口 3763(4.6)5.3
日本マスター信託口 3736(4.6)4.9
石橋寛 2430(3.0)3.0
日本生命 1804(2.2)2.2
三井住友銀行 1800(2.2)2.2
永坂産業 1633(2.0
野村証券 1279(1.6
ニューヨーク銀行メロン 1106(1.4
ステート・ストリート 919(1.1
自社保有株 2997(3.7
【役員】(CEO・会長)津谷正明(COO)西海和久(取締
津成美 外橘・フクシマ・咲江(3.24)➡巻末
【従業員】(14.12)単14,248名(一歳) ㈱大212,500円 連144,632
【収益構成】(14.12)タイヤ84(91),多角化16(9),調整額(0.0)【事業所】〈工場〉久留米,東京,横浜,栃木,彦根,甘
那須,防府,下関,鳥栖,熊本,関,佐賀,磐田,北九州【連
(14.12)[子310 持143]ブリヂストンサイクル,ブリヂストンエラステック【取引
(販売)トヨタ自動車,日産自動車,ホンダ(仕入)JSR

(出所)「日経会社情報2015春号」

ＥＶ／ＥＢＩＴＤＡの分子になります。

これに対して、分母のＥＢＩＴＤＡは、「予想営業利益＋予想減価償却費（なければ実績減価償却費）」です。２０１５年12月期の予想営業利益は５１９０億円なので、それに予想減価償却費２１２０億円を合算します。すると、７３１０億円となります。

これらにより求めたＥＶ／ＥＢＩＴＤＡは、「３９０９１億円÷７３１０億円＝５・３倍」となります。

このＥＶ／ＥＢＩＴＤＡが、運用のプロの間でよく使われるのはどうしてでしょうか。少し難しいかもしれませんが、この指標を分子と分母に分けて、どういう意味があるか考えてみましょう。

まず、分母のＥＢＩＴＤＡ（Earnings Before Interest, Taxes, Depreciation and Amortization）です。日本語に直訳すると、「利払い前・税引き前・減価償却前利益」となります。

なんだか難しそうですが、実際には、「予想営業利益＋予想減価償却」を使うことは、先ほど説明したとおりです。

直観的には、会社の営業活動で稼ぐ予想ベースのＣＦです。ＰＣＦＲの項で説明しましたが、ＣＦには営業ＣＦ、投資ＣＦと財務ＣＦの３つあります。ＥＢＩＴＤＡでは、予想ベースの営業ＣＦに近いものを使っています。

それなら営業ＣＦを使えばいいように思えますが、ＥＢＩＴＤＡは税引き前のものです。したがって、すでに税金分が引かれている営業ＣＦに、支払った税金を足して受取利息や支払い利息を調整する方法でも、実績のＥＢＩＴＤＡを計算することができます。

しかし、何度か触れましたが、株価は実績よりも予想値で動きます。予想営業利益を使い、可能なら予想ベース（取得が難しいなら実績減価償却費）を足すことで、予想ＥＢＩＴＤＡを計算する方が将来の株価との関係が強くなります。

▼買収資金が何年で回収できるか

これに対して、分子のＥＶ（Enterprise Value、企業価値）は、「有利子負債＋時価総額－現金・現金同等物」で求めます。

このＥＶについては、計算するうえで重要なポイントが３つあります。

第１に、有利子負債と時価総額を合算することです。これは、実際に会社が事業をするために出資している部分の、足下の市場価格という意味があります。時価総額だけだと、株主が出資している部分の市場価格になりますが、これに有利子負債の価格（決算書上の帳簿価格）を合計します。有利子負債の時価の算出は難しいので、簿価が時価と同じくらいの価値であるとみなします。

第２に、負債ではなく、有利子負債を使うということです。これはどういうことでしょうか。有利子負債があるということは、無利子負債もあるということです。お金を無利子で貸してくれる人がいたらとてもうれしいと思うでしょう。ただ、ここで無利子と言うのは、少々意味が異なります。

ＰＣＦＲの項で触れましたが、たとえば材料の仕入れにかかわる買入債務のようなものです。買掛金（ＰＣＦＲの項では売掛金の説明をしましたが、仕入側から見ると買掛金になります）、つまり、営業活動により発生した債務で、会社がお金を調達するための負債ではないのです。

第３に、現金・現金同等物を引くことです。現金同等物とは、文字どおり現金と同等のものということなので、たとえば、３カ月以内に満期が来る定期預金みたいなものを想像してください。

さて、どうしてこのようにしてＥＶを求めるのでしょうか。実務でＥＶ／ＥＢＩＴＤＡを使うのは、会社の買収や取得する価値の計測という点でわかりやすい指標だからです。

まずＥＶですが、これは対象とする会社を買った（買収）ときにかかるお金です。株式を市場で買えば時価総額に相当するお金が必要ですし、有利子負債の支払いもそのまま（時価とみなした）簿価で背負うことになります。一方、会社が保有している現金などは、そのまま買った後に戻ってきますので、現金・現金同等物は必要なお金にはなりません。

ＥＶ／ＥＢＩＴＤＡとは、買収した会社が営業活動で生むＣＦから見て、何年たてば買収資金を回収できるか、を考える指標なのです。支払ったお金に対して、回収する年限が少ない（ＥＶ／ＥＢＩＴＤＡが低い）方が割安な会社と見られます。

図表 1-29　EV/EBITDAの業種別平均

業種番号	業種名	平均値	順位
1	*水産・農林*	*12.1*	*27*
2	**鉱業**	**2.6**	**1**
3	建設	7.1	7
4	食料品	10.3	23
5	繊維製品	8.8	16
6	パルプ・紙	8.9	17
7	化学	8.4	14
8	医薬品	12.1	26
9	*石油・石炭*	*16.0*	*28*
10	**ゴム製品**	**6.0**	**3**
11	ガラス土石	8.1	12
12	鉄鋼	7.3	8
13	非鉄金属	7.3	9
14	金属製品	6.7	5
15	機械	8.1	11
16	電気機器	6.9	6
17	輸送用機器	7.4	10
18	精密機器	10.6	25
19	その他製品	8.3	13
20	電気・ガス	9.5	20
21	陸運	10.0	22
22	海運	9.5	19
23	**空運**	**5.6**	**2**
24	倉庫・運輸	9.1	18
25	情報・通信	6.3	4
26	卸売	9.7	21
27	小売	8.6	15
32	*不動産*	*17.4*	*29*
33	サービス	10.4	24

（出所）大和証券資料より抜粋
（注）低ＥＶ／ＥＢＩＴＤＡの方から上位３位は太字、下位３位は斜体
2015年１月末現在

▼業種別に割安度を検討する

ＥＶ／ＥＢＩＴＤＡも、ＰＥＲなどと同様、業種別に見て割安かどうかをチェックするものです。それは、図表１－29のとおり、業種別に水準が大きく異なるためです。

ＰＣＦＲの項でも説明しましたが、設備投資などで減価償却費が大きい業種ほど営業利益に加算する値が大きくなるため、ＥＢＩＴＤＡが大きくなります。したがって、ＥＶ／ＥＢＩＴＤＡが低くなります。

実際に割安かどうか判断するためには、所属する業種の低い方から３割以下という条件で銘柄選別をする必要があります（１４５ページの図表１－46参照）。

07 PSR(株価売上高倍率)——非常時に活きる

PSR

▼売上高はマイナスにならない点が重要

ここでは、PSR(Price to Sales Ratio、株価売上高倍率)を紹介します。

PSRは、「株価÷1株当たりの予想売上高」で計算されます。分母の1株当たりの売上高に対して株価が何倍まで買われているか、を見るものです。一般的には、この値が低い方が割安(魅力度が高い)とされます。

PBRやPERと同様に、1株当たりではなく、会社全体で考えると、「時価総額÷予想売上高」となります。

「日経会社情報2015春号」を使って確認してみましょう。135ページの証券コード7751キヤノンを取り上げます。「時価総額51603億円÷39000億円=1・3倍」となります。

実は、PSRは機関投資家など運用のプロの間でも、ほとんど使われることはありませ

図表1-30　「日経会社情報」　7751　キヤノン

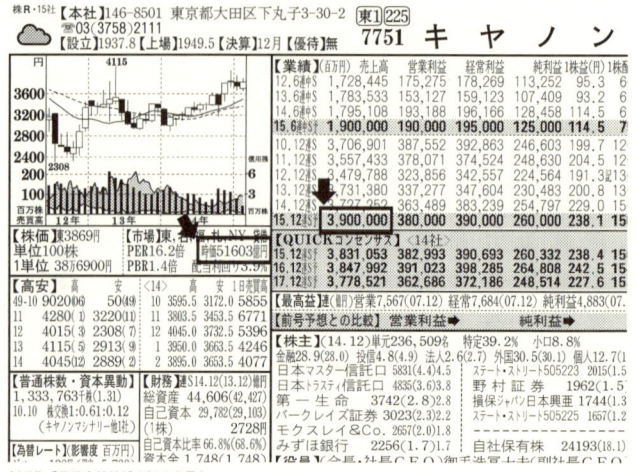

株R・15社【本社】146-8501 東京都大田区下丸子3-30-2　東1 225
☎03(3758)2111
【設立】1937.8【上場】1949.5【決算】12月【優待】無　7751 キヤノン

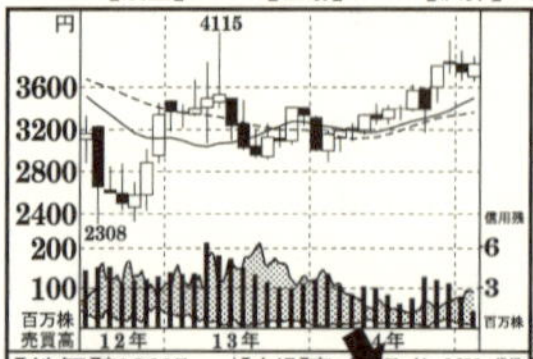

【業績】(百万円)	売上高	営業利益	経常利益	純利益	1株益(円)	1株配
12.6連中S	1,728,445	175,275	178,269	113,252	95.3	6
13.6連中S	1,783,533	153,127	159,123	107,409	93.2	6
14.6連中S	1,795,108	193,188	196,166	128,458	114.5	6
15.6連中S予	**1,900,000**	**190,000**	**195,000**	**125,000**	**114.5**	**7**
10.12連S	3,706,901	387,552	392,863	246,603	199.7	12
11.12連S	3,557,433	378,071	374,524	248,630	204.5	12
12.12連S	3,479,788	323,856	342,557	224,564	191.3記	13
13.12連S	3,731,380	337,277	347,604	230,483	200.8	13
14.12連S	3,727,252	363,489	383,239	254,797	229.0	15
15.12連S予	**3,900,000**	**380,000**	**390,000**	**260,000**	**238.1**	**15**
【QUICKコンセンサス】〈14社〉						
15.12連S予	**3,831,053**	**382,993**	**390,693**	**260,332**	**238.4**	**15**
16.12連S予	**3,847,992**	**391,023**	**398,285**	**264,808**	**242.5**	**15**
17.12連S予	**3,778,521**	**362,686**	**372,186**	**248,514**	**227.6**	**15**

【株価】東3869円
単位100株
1単位 38万6900円

【市場】東,名,福,札,NY 貸借
PER16.2倍　時価51603億円
PBR1.4倍　配当利回り3.9%

【高安】	高	安	〈14〉	高	安	1日売買高
49-10	9020(06)	50(49)	10	3595.5	3172.0	5855
11	4280(1)	3220(11)	11	3803.5	3453.5	6771
12	4015(3)	2308(7)	12	4045.0	3732.5	5396
13	4115(5)	2913(9)	1	3950.0	3663.5	4246
14	4045(12)	2889(2)	2	3895.0	3653.5	4077

【普通株数・資本異動】
1,333,763千株(1.31)
10.10 株交換1:0.61:0.12
（キヤノンマシナリー他1社）

【為替レート】(影響度 百万円)

【財務】連S14.12(13.12)億円
総資産 44,606(42,427)
自己資本 29,782(29,103)
(1株) 2728円
自己資本比率 66.8%(68.6%)
資本金 1,748(1,748)

【最高益】連(億円)営業7,567(07.12) 経常7,684(07.12) 純利益4,883(07.

【前号予想との比較】 営業利益➡　純利益➡

【株主】(14.12)単元236,509名　特定39.2%　小口8.8%
金融28.9(28.0) 投信4.8(4.9) 法人2.6(2.7) 外国30.5(30.1) 個人12.7(1

日本マスター信託口 5831(4.4)4.5	ステート・ストリート505223 2015(1.5
日本トラスティ信託口 4835(3.6)3.8	野村証券 1962(1.5
第一生命 3742(2.8)2.8	損保ジャパン日本興亜 1744(1.3
バークレイズ証券 3023(2.3)2.2	ステート・ストリート505225 1657(1.2
モクスレイ&Co. 2657(2.0)1.8	----------------
みずほ銀行 2256(1.7)1.7	自社保有株 24193(18.1)

【役員】(会長・社長CEO)御手洗冨士夫(副社長CEO

（出所）「日経会社情報2015春号」

ん。ただし、とても特殊な環境になったときだけチェックします。

最近ではリーマンショックのときでした。２００８年９月に起こったリーマンショック後の日経平均株価の安値は翌年３月10日の７０５４円です。これほど株価が落ち込み世の中が悲観的になるなかでは、なかなか株式投資をする気にはなれません。

こうしたときに銘柄を選ぶ基準としてＰＳＲが使われます。リーマンショックの場面では、予想利益が大きくマイナスになる会社がたくさん出ました。リーマンショックの影響で、急激に業績が悪化したためです。

そうなると、ＰＥＲは「株価÷１株予

想利益」ですから、赤字企業はマイナスになってしまいます。

ＰＥＲがマイナスとはどういう意味でしょうか。ＰＥＲの項で説明したように、ＰＥＲは利益から見た投資額の回収見込み期間ですので、マイナスはありえない数値で、意味をなしません。

では、ＰＢＲはどうでしょうか。ＰＢＲはもともと解散価値を測る尺度です。ところが、リーマンショックでデフレ（土地などの資産価格が下がっていくこと）が進むと、会社が持つ資産（純資産）の価値も下がっていくことになります。将来、純資産の価値が下がるとすれば、ＰＢＲが1倍を割れていても、解散価値を下回っているとは言えなくなります。

このように、代表的な投資指標が使えなくなっていくなかでは、売上高はマイナスにならないということの意味が重要となります。

会社が何もしなければ、売上高はゼロです。ゼロよりも小さい値にはなりません。ですので、リーマンショックのときのように、どうにも見通しが立たない市場では、ＰＳＲが頼りになるのです。

▼業種別に3割ラインを見る

このＰＳＲも、業種ごとに水準が大きく異なるため、業種内で比較する必要があります。

ＰＳＲは売上高を使った投資指標ですが、売上高が大きくても、利益が大きくなるわけではありません。利益は、基本的には、売上高から仕入れ費用である売上原価を引き、さらに人件費や広告宣伝費などさまざまな費用を引いています。

たとえば、アパレル業界などは、お店に多くの販売員を雇う場合が多いため人件費がかさむうえ、テレビなどでの広告宣伝費もかかります。また、業界によっては、売上高が増えると、その分、仕入れにかかる費用が多くなる場合もあります。

このように、売上高は、会社の収益のもっともベースとなる重要なデータなのですが、業界別に大きく水準が異なるため、それぞれの業界内で比較して使うのがよいのです。実際には、業種内で、割安から3割以下（１４５ページの図表１－46を参照）が、割安かどうかのメドとなります。

コラム

業種平均は簡単にはできない

本書では度々、業種平均と比較すると述べていますが、実は、業種平均というのは想像以上に複雑なものです。

通常、平均というと、次のように計算します。ある5社で構成される業種があり、それぞれのROEがA社（10％）、B社（15％）、C社（5％）、D社（0％）、E社（▲5％）とします。E社の純利益はマイナスなので、ROEがマイナスになっています。この業種の平均ROEは、「（10％＋15％＋5％＋0％＋▲5％）÷5＝5％」となります。

さて、これらの銘柄の時価総額を考えてみましょう。A社が5000億円、あとの4社は100億円だったとします。このように、業種には、代表的な1社のみが時価総額の多くを占めているケースがあります。たとえば、ゴム製品であれば、ブリヂストンは業種全体の時価総額の7割を占めています（2015年3月末時点）。

こうした場合、単純平均では違和感があります。業種内での影響度合いも考慮する必要があるでしょう。そこで、時価総額でウエイトづけして平均するという方法がよく用いられます。

先ほどの5社の例で言えば、業種の時価総額の合計は5400億円ですので、次のように計算します。

10%×（5000億円／5400億円）＋15%×（100億円／5400億円）＋5%×（100億円／5400億円）＋0%×（100億円／5400億円）＋▲5%×（100億円／5400億円）＝9・5%

先ほどの単純平均とは、数字が異なりますね。プロの世界では、こうした時価総額加重平均を計算に使います。そして、実際に使われる時価総額はTOPIX（東証株価指数）の算出にも使われるものです。本書に掲載した業種平均も、すべて時価総額加重平均です。

時価総額加重平均は、算出に業種内の全社の時価総額のデータが必要になるので、簡単には計算ができません。本書に掲載した数値を参考にしてください。

08 キャッシュを使った指標

キャッシュ

「キャッシュ÷総資産」で配当余力を見る

これまでは、お金を稼ぐ力を見るためのキャッシュフローを使った指標を紹介しました。ここでは、キャッシュの保有額を使った指標を紹介します。

よく使われるのが「キャッシュ÷総資産」です。実際の計算方法を、「日経会社情報２０１５春号」を使って見てみましょう。１３５５ページの証券コード７７５１のキヤノンを例にあげます。

分母の総資産は４４６０６億円です。これに対してキャッシュは、現金・同等物の８４４６億円です。したがって、「８４４６億円÷４４６０６億円＝18・９％」となります。

この指標は最近、とても注目されています。理由は２つあります。

まず、キャッシュを多く持っているということは、それだけ、配当を支払う力や自社株買いをする力があると見られるためです。安全性も高いと言えるでしょう。

図表1-31　「日経会社情報」　７７５１　キヤノン

【高安】 高 安
49-10 9020(06) 50(49)
11 4280(1) 3220(11)
12 4015(3) 2308(7)
13 4115(5) 2913(9)
14 4045(12) 2889(2)

〈14〉 高 安 1日売買高
10 3595.5 3172.0 5855
11 3803.5 3453.5 6771
12 4045.0 3732.5 5396
1 3950.0 3663.5 4246
2 3895.0 3653.5 4077

【普通株数・資本異動】
1,333,763千株(1.31)
10.10 株交換1:0.61:0.12
（キヤノンマシナリー他1社）

【為替レート】(影響度 百万円)
ドル 120円（円安 5,700）
ユーロ 135円（円安 2,900）

【格付】 ［R&I］AA+
［S&P］AA

ＲＯＥ 予8.7% 前8.7%
減価償却 予2,750 前2,635
設備投資 予2,050 前1,823
研究開発 予3,200 前3,090

【財務】連S14.12(13.12)億円
総資産 44,606(42,427)
自己資本 29,782(29,103)
(1株) 2728円
自己資本比率 66.8%(68.6%)
資本金 1,748(1,748)
利益剰余金 33,850(32,758)
有利子負債 22(27)

【キャッシュF】14.12(13.12)
営業ＣＦ 5,839(5,076)
投資ＣＦ ▲2,693(▲2,502)
財務ＣＦ ▲3,009(▲2,222)
現金・同等物 8,446(7,889)

17.12連S予 3,778,521 362,686 372,186 248,5
【最高益】連(億円)営業7,567(07.12) 経常7,684(07.12)
【前号予想との比較】 営業利益➡ 純利
【株主】(14.12)単元236,509名 特定39.2%
金融28.9(28.0) 投信4.8(4.9) 法人2.6(2.7) 外国30.5(3
日本マスター信託口 5831(4.4)4.5
日本トラスティ信託口 4835(3.6)3.8
第一生命 3742(2.8)2.8
バークレイズ証券 3023(2.3)2.2
モクスレイ&Co. 2657(2.0)1.8
みずほ銀行 2256(1.7)1.7
ステート・ストリート
野村証券
損保ジャパン日本
ステート・ストリート
自社保有株
【役員】(会長・社長ＣＥＯ)御手洗冨士夫(
中稔三(専務)足達洋六 松本繁幸 本間利
榮田雅也(常務)谷泰弘(取締)長澤健一 大
敬 脇屋相武 木村彰良 小山内英司(3.27)
【従業員】(14.12)単26,409名(42歳) (初)大215,0
【収益構成】(14.12)オフィス56(80),イメージングシステ
器他11(▲6),消去▲3(▲28)【事業所】<事業所
都宮,小杉,玉川,川崎,他7【連結】(14.12)

（出所）「日経会社情報 2015 春号」

最近はＲＯＥ（自己資本利益率、後にＲＯＥの項で詳述）が８％を下回るなど低い水準の会社が、ＲＯＥを高めるために、自分の会社の株を手持ちのキャッシュで買って、自己資本を少なくするという自社株買いが注目されています。キャッシュが手元に多い会社は、自社株買いがしやすくなります。

もう１つの理由は、キャッシュをたくさん持っている会社は、投資が必要なときに、すみやかに動けるためです。キャッシュを持っている会社は、成長が期待されているというとらえ方もできます。キャッシュと成長はあまり関連なさそうですが、おもしろい見方ですね。

実際にキャッシュがどの程度あるとよいかは、「キャッシュ÷総資産」が、業種内で上から３割以内というのが目安になります（１４５ペー

ジの図表1－46参照）。

業種によっては、日々の営業活動に必要なキャッシュを手元にたくさん持っていないといけないところもあります。業種によって水準が大きく異なるので、同じ業種のなかで比較するのです。

◆「ネットキャッシュ÷時価総額」で割安かを見る

キャッシュを使った投資指標でもう1つとても大切な指標があります。これが、「ネットキャッシュ÷時価総額」です。算出方法は、「（現金－有利子負債）÷時価総額」です。「日経会社情報2015春号」で、実際に計算してみましょう。265ページの証券コード2503のキリンホールディングスを例にあげます。「（現金（現金・同等物）407億円－有利子負債8039億円）÷時価総額14948億円＝▲0・51」となります。

先ほど紹介した「キャッシュ÷総資産」と「ネットキャッシュ÷時価総額」は同じキャッシュを使った指標ですが、投資家にとっては使う目的が異なります。

「キャッシュ÷総資産」は株主還元の余力を見るための指標ですが、「ネットキャッシュ÷時価総額」は、景気や相場の下値不安が高まったときに、会社の保有する現金から見て、

図表 I-32　「日経会社情報」　２５０３　キリンホールディングス

百万株 売買高　12年　13年　14年　千株

14.12連	2,195,795	114,549	94,211	32,392	35.3	38.0
15.12予	2,270,000	117,000	100,000	40,000	43.8	38.0

【QUICKコンセンサス】<7社>

15.12予	2,215,114	122,300	108,833	42,500	46.6	38.67
16.12予	2,234,267	127,000	114,880	48,380	53.0	40.00
17.12予	2,259,450	132,300	121,700	55,267	60.6	40.50

【株価】東1549円
単位100株
1単位 15万4900円

【市場】東, 名, 福, 札 貸借
PER35.3倍　時価14948億円
PBR1.3倍　配当利回り2.5%

【高安】	高	安	<14>	高	安	1日売買高
49-10	3170(87)	112(51)	10	1469.0	1311.5	4002
11	1186(3)	893(11)	11	1524.5	1406.5	3758
12	1086(3)	864(7)	12	1579.0	1428.5	3713
13	1868(5)	1012(1)	1	1609.0	1400.0	3459
14	1579(12)	1290(2)	2	1658.0	1517.0	3678

【普通株数・資本異動】
965,000千株(1.31)
89.11　公5000万株(1930円)
90.12割 1:0.05無
06.10　株交換(キリンビバレッジ)
10.12　株交換1:0.14(メルシャン)

【財務】連14.12(13.12) 億円
総資産 29,659(28,965)
自己資本 11,018(10,759)
(1株) 1207円
自己資本比率 37.2%(37.1%)
資本金 1,020(1,020)
利益剰余金 8,484(8,505)
有利子負債 8,039(7,911)

【格付】 [R&I]A+

ROE 予3.6% 前3.0%
減価償却 予970 前989
設備投資 予1,100 前1,204
研究開発 予— 前571

【キャッシュF】14.12(13.12)
営業CF 1,552(2,055)
投資CF ▲1,394(855)
財務CF ▲807(▲2,724)
現金・同等物 407(1,055)

【最高益】連(億円)営業1,530(12.12) 経常1,446(09.12) 純利益857(13.12)

【前号予想との比較】 営業利益⬇　純利益⬇⬇

【株主】(14.12)単元130,741名　特定26.0%　小口12.6%
金融34.1(28.7) 投信4.2(5.1) 法人8.7(8.7) 外国29.2(29.3) 個人22.6(22.8)

日本マスター信託口	4328(4.5)4.6	ノーザン・トラスト(AVFC)	1440(1.5)1.4
明治安田生命	3300(3.4)3.4	ステート・ストリート505225	1386(1.4)1.4
日本トラスティ信託口	3245(3.4)3.3	ステート・ストリート505041	1138(1.2)1.5
三菱東京UFJ銀行	1925(2.0)2.0	ニューヨーク銀行メロン	1106(1.1)1.0
日本トラスティ信託口4	1598(1.7)1.7		
メロンバンク	1487(1.5)1.0	自社保有株	5245(5.4)5.4

【役員】(会長)三宅占二(社長)磯崎功典(代表取締)西村慶介(取締)伊藤彰浩　野中淳一　三好敏也　外三木繁光　外有馬利男　外荒川詔四(常監)鈴木政士　石原基康(監査)外岩田喜美枝　外橋本副孝　外森正勝(3.27)

【従業員】(14.12)単78名(39歳)㈹—　連39,894名

【収益構成】(14.12)日本綜合飲料53(42), 海外綜合飲料31(27), 医薬・バイオケミカル15(34), その他1(3), 調整額—(▲6)
<海外>37【連結】(14.12)[子216 持16]キリンビール, キリンビバレッジ

（出所）「日経会社情報 2015 春号」

会社が割安かを測る指標です。

詳しく見ていきましょう。

ネットキャッシュは、現金から有利子負債を引いています。簡単に言えば、会社に対してお金を貸している（会社から見れば借りている）人に対して、すべてお金を返したとしたらいくら残るか、ということです。なお、会社が借りているお金には、銀行借り入れのほか、社債の発行による資金調達も含みます。

ここで、わかりやすい例を紹介します。ネットキャッシュが10億円（たとえば、キャッシュが１００億円、有利子負債が90億円）の会社を考えましょう。ある投資家が、この会社の株をすべて買い占めたとします。もし、今の株価で買うのなら、時価総額分のお金が必要になります。仮に、時価総額が８億円だとしましょう。

図表1-33　2つのキャッシュ指標の目的は違う

キャッシュ÷総資産　株主還元余力を見る

業種内で上から3割以内

ネットキャッシュ÷時価総額　会社が割安かを見る

$$\frac{\text{現金・同等物－有利子負債}}{\text{時価総額}} > 1\ \text{（割安）}$$

すると、単純に考えると、8億円で10億円が得られることになります。すごくおトクですね。ですから、「ネットキャッシュ÷時価総額」が1を上回る会社を探します。この例で言えば、10億円÷8億円＝1・25となり、1を上回っています。

しかし、現実には、このような会社はほとんどありません。時価総額で割る以前に、ネットキャッシュがプラスの会社がほとんどないのです。先ほどのキリンホールディングスも大きくマイナスでした。

また、「ネットキャッシュ÷時価総額」には注意点があります。ネットキャッシュがプラスの会社のみしか、この指標は利用できません。であれば、あまり使う機会がないことになりますね。では、この指標はどのようなときに使えばよいのでしょうか。

実は、市場が特殊な状況のときに使う指標です。2008年のリーマンショックや、2012年のアベノミクス直前にバブル後最安値を更新したときなど、相場の下値不安が極度に高まった場面では、多くの会社の株価が下がって時価総額が小さくなります。すると、ネットキャッシュがプラスの会社のなかには、「ネットキャッシュ÷時価総額」が1を上回るケースが出てくる可能性があります。

現金が多い会社は成長企業？

先ほど「キャッシュ÷総資産」が、自社株買い期待で注目されていると紹介しました。会社が持っているお金で自社の株を買うのですから、経営が拡大するというイメージではありませんね。

事業活動を拡大するのであれば、現金を設備投資に回したり、他社の事業を買ったりするでしょう。しかし、そうしたことにお金を回さずに、現金を持ったままにしていることの解釈は難しい面があります。

実は、アメリカでは、たくさん現金を持っている会社は、成長企業と解釈する理論があります。現金を多く持っていると、たとえば、設備投資をしたいときに速やかに実行できるからです。「足元では設備投資をしていないが、将来、設備投資をすべきときにできる。だから成長企業」というのは、少々無理やりな感もありますが、こうした考え方が主流です。

裏を返せば、成長への期待があるからこそ、現金をたくさん持っている状態でも許してもらえるのです。最近の日本企業を振り返ってみると、戦略的にキャッシュを保有するという財務政策があまり見られません。過去に業績が良かった名残でキャッシュが蓄積されているものの、設備投資などの使い道があまりなく、そのままになってしまっているケースが多いようです。

今後、日本企業でもガバナンス改革が進むと、会社がどの程度キャッシュを持つのが妥当かも議論されるようになり、米国企業のように、成長機会が期待される会社ほどキャッシュの保有が許容されるようになっていくかもしれません。

09

経常増益率——業績の方向性を見る

▼割安度と成長性を測る指標の違い

これまで説明してきたのは、おおむね株の割安度を測る（バリュー）指標でした。ここからは、会社の成長性を見る（グロース）指標を紹介していきます。

割安度と成長性はいったいどこが違うのでしょうか。割安度を測る指標となる簡単な判別方法は、

① 比率や割り算を使う

② 株価や時価総額が分母か分子のどちらかに入っている

の2つの条件が備わっている指標と、とりあえず考えるとよいでしょう。

つまり、今の株価を、利益や資産などと比較する指標です。EV／EBITDAも、分子のEVに時価総額が入っているため、割安度を見る指標です。

②に関しては注意が必要です。株価や時価総額が分母か分子の「どちらか」ではなく、

両方に入っている指標もあります。その場合、割安度を測る指標にはなりません。両方に入っている場合は、会社の利益や資産に対して株価がどの程度評価されているか、を比較することが目的ではないからです。

具体的に説明します。運用のプロの間では、リターンリバーサルという指標がよく使われます。これは、たとえば、1カ月間の株価の上昇が小さい（あるいは下落が大きい）銘柄を買う手法です。1カ月前の株価の上昇率ですから、次のような式になります。「（1カ月前の株価−直近の株価）÷1カ月前の株価」。

何だかあまりにも単純な手法ですね。本書では、この指標はおすすめしません。この方法は、「株価が大きく下がったから、きっと下げすぎているに違いない。将来はある程度戻るのではないか」という考え方にもとづくものです。

しかし、この方法は、利益や資産など会社の実態を見ているわけではありません。運用のプロは相場観と合わせて使っていますが、会社の実態を見ていない方法なだけに合理的な解釈はできません。

したがって、投資家の心理を読む必要があるなど、とても使い方が難しい方法です（182ページ参照）。

図表Ⅰ-34　投資指標の分類

割安性：割安度を測る
（バリュー）
PBR、配当利回り、PER、PCFR、EV/EBITDA
PSR、ネットキャッシュ÷時価総額

成長性：企業の成長を測る
（グロース）
├ 収益性
│　ROE、ROA
└ 業績モメンタム
　　経常増益率、リビジョン、増収率

安全性：企業の財務安定性を測る
自己資本比率、キャッシュ÷総資産

テクニカル：株価の動きから将来の株価の動き（方向性）を予想する
リターンリバーサル、リターンモメンタム

▼指標のタイプを知ることの重要性

リターンリバーサルは、分母と分子の両方に株価が入っているので、先にあげた②の条件に合わないから割安度合いを測る指標ではありません。

では、成長性指標かというとそうでもありません。このように、株価だけを使って求める指標はテクニカル指標と呼ばれています。

投資指標には、大きく分けて、割安性、成長性、安全性、テクニカルの4種類があります。安全性の指標は、これまで紹介した自己資本比率や、「キャッシュ÷総資産」です。会社の財務面の健全性を見るものです。

そして、さらに、成長性を測る指標のなかには、収益性と業績モメンタム（業績の方向性：成長か減速か）の2種類があります。

それでは、収益性を測る指標とは何でしょうか。代表的なものが、ＲＯＥ（自己資本利益率）です。ＲＯＥについては後に詳しく解説しますが、株主が実際に会社に払い込んだお金に対して、どの程度、その会社が利益を出したかを表します。したがって、どれだけ株主が支払ったお金に対して効率的に稼いでいるか（効率性）や、収益性を見ます。

株価が計算式に入っていないので、株価が割安かどうかはわかりません。ですので、割安度を測る指標ではないのです。一方、業績が良くなってきたかを見る指標でもないため、業績モメンタム指標でもありません。

このように、使っている指標がどのような性格のものかを把握していないと、いろいろな基準を駆使して魅力的な銘柄を選んだつもりでも、同じようなタイプの指標を使っていたり、相性の悪い指標を使っていたりして、良い銘柄選びができません。指標のタイプを理解することは、指標を使ううえでとても重要です。

増益率はどれくらいあるとよいのか

成長性を表す（グロース）指標でまず代表的なのが経常増益率です。「（予想経常利益－

図表 1-35　「日経会社情報」　５１０８　ブリヂストン

橋3-1-1　東1 225
2月【優待】無　5108　㈱ブリヂストン

【タイヤ世界三強の一角】国内首位。海外で生産拠点拡張進める。

【業績】(百万円)	売上高	営業利益	経常利益	純利益	1株益(円)	1株配(円)
12.6連中	1,488,970	133,785	128,981	75,266	96.2	16.0
13.6連中	1,705,190	190,399	184,967	117,041	149.5	27.0
14.6連中	1,750,259	223,152	219,963	142,243	181.6	40.0
15.6連中予	**1,880,000**	**232,000**	**226,000**	**138,000**	**176.2**	**60.0**
10.12連	2,861,615	166,450	147,905	98,913	126.2	20.0
11.12連	3,024,355	191,321	179,317	102,970	131.6	22.0
12.12連	3,039,738	285,995	285,043	171,605	219.3	32.0
13.12連	3,568,091	438,131	434,793	202,053	258.1	57.0
14.12連	3,673,964	478,038	463,212	300,589	383.8	100.0
15.12連予	**3,980,000**	**519,000**	**501,000**	**319,000**	**407.3**	**120.0**
【QUICKコンセンサス】<9社>						
15.12連予	**4,017,367**	**548,467**	**539,667**	**350,356**	**447.4**	**126.6**
16.12連予	**4,173,213**	**570,213**	**560,800**	**363,588**	**464.3**	**130.0**
17.12連予	**4,324,500**	**608,750**	**606,150**	**388,400**	**496.0**	**140.0**

【最高益】連(億円)営業4,780(14.12)　経常4,632(14.12)　純利益3,006(14.12)

【米州販売好調】自動車販売が好調
た米州でのタイヤ販売が拡大。
円安による為替効果も加わり過
益率の高い建設用タイヤも回復
【株主還元強化】中期的な連結配
40%に設定。ライバル仏ミシュ

（出所）「日経会社情報 2015 春号」

実績経常利益）÷実績経常利益」で計算します。

実際に、「日経会社情報２０１５春号」を使って計算してみましょう。８０７ページに掲載されている証券コード５１０８のブリヂストンを例にあげます。「（予想経常利益５０１０億円－実績経常利益４６３２億円）÷実績経常利益４６３２億円＝８・２％」となります。

経常増益率は業績モメンタム指標です。将来の業績の成長予想ですから、高い方が良いと言えます。

なお、増益率には、営業利益の増益率、純利益の増益率など、ほかにもさまざまなものがあります。それらの代表が経常利益の増益率です。なぜなら、業績の方向性を見るうえで、経常的な利益の伸びがもっとも重要だからです。

先に、企業価値を考える際は、ＰＳＲやＥＶ

／ＥＢＩＴＤＡよりもＰＥＲが重要と説明しました。ＰＥＲ（「株価÷１株当たり純利益」）は、株主に帰属する利益と株価の関係を見ているためです。利益の水準を見る際には、株主に帰属する利益との関係を使った指標がもっとも重要です。

株主に帰属する利益が重要なら、ここでも純利益の増益率を使う方が良さそうです。なぜ経常利益なのでしょうか。

これは、増益率でとらえたい業績モメンタムの目的が違うからです。確かに、「株主の利益がどの程度伸びるのか」ということはとても重要です。しかし、増益率で見るのは、会社の業績の良し悪しではなく、将来も好業績が続くかどうかです。

そのように考えると、たとえば、今期に持っていた資産を大量に売却して利益を稼いだような分を含む純利益よりも、会社の経常的な活動を表す経常利益を使った方が、方向性を示す際には妥当と考えられるのです。

さて、経常増益率がどの程度高いとよいのかは、難しい質問です。なぜなら、好景気で、企業業績が全体的に良いときは、増益率が高い会社が多く出ます。一方、景気が悪いときは、増益率が高い会社はあまり出ないからです。しかし、あえて言うなら８％が基準になります。８％以上の会社なら、増益率が高いととらえましょう。

ところで、増益率には注意点が２つあります。

第1が、増益率が高ければ高いだけ、株価も上昇が期待できるわけではありません。増益率が高かったとしても、すでに、そういった好業績の見通しを織り込んで、株価が上がっているケースがあります。

したがって、ＰＥＲの基準と合わせて使うことをおすすめします。ＰＥＲが業種平均以下の銘柄だったら、まだ足元の増益見通しが株価に織り込まれていない可能性があるからです。ＰＥＲの業種平均は67ページに示しています

第2が、計算ルールです。たとえば、前期の実績経常利益がマイナス１００億円、今期の予想経常利益がマイナス２００億円とします。この数字を、そのまま計算したら大変なことになります（「－２００－（－１００）／（－１００）＝プラス１００％」）。

赤字が拡大しているのに、１００％増益とはおかしなことです。前期実績の分母がマイナスになっているためです。

つまり、前期がマイナスになっているときは、この式は使えません。また、同様に、前期がゼロでも使えません。必ず前期実績がプラスのときだけ使いましょう。

さらに言うと、1億円の利益が１００億円になったとしたら、「（１００－1）／1」で９９００％増益です。こんなに大きな数字はどのように解釈すればいいかわかりません。

単純に言うと、１００％以上の増益率の場合は、すべて１００％と考えるとよいでしょ

図表1-36　増益率が計算できるケース

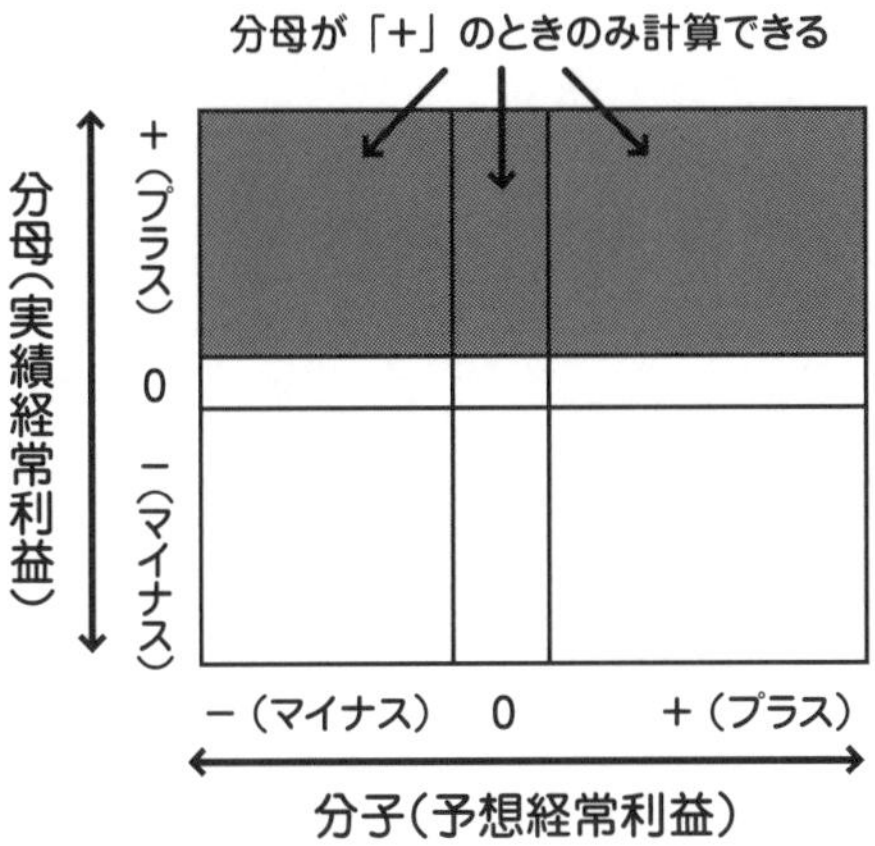

う。また、赤字から黒字になる場合も計算ができませんが、100%増益くらいのイメージでとらえておきましょう。

マイナスの値に要注意

先ほどマイナスの値について触れましたが、投資指標全般を通じて大きな注意が必要な点です。機関投資家やアナリストも大変気をつかいます。

PERを例にとります。PERは「株価÷1株当たり純利益」です。ここで、分母の1株当たり純利益がマイナスだったらどうなるでしょうか。

たとえば、株価が100円、1株当たり純利益が▲10円だとしたら、「100円÷▲10円＝▲10倍」となります。

ＰＥＲは、投資した金額を回収するために、利益から考えて何年かかるかを見るものなのに、マイナスの年数とはどういうことでしょうか。プラスが将来だから、マイナスは過去にさかのぼる、というわけではありません。そもそもＰＥＲは、１株当たり純利益がプラスであることを前提に作られた指標なのです。

実は、多くの投資指標は、データがマイナスとなった場合は使えないのです。本書で取り上げる指標のうち、マイナスになったら使えないものは図表１－１で示しています。

では、マイナスのデータとなっているため、投資指標が使えないときはどうしたらよいのでしょうか。そういう場合は、その投資指標を使うことはあきらめて、別の投資指標で評価しましょう。

10 リビジョン
——来年度以降の業績を見通す

▼利益予想の変化を見る

業績モメンタム（業績の方向性）を見る指標をもう1つ紹介します。業績予想の修正を測る指標で、一般にリビジョンと言われるものです。リビジョンは英語で修正という意味です。次のような式で計算します。「（今回の予想経常利益－前回の予想経常利益）÷前回の予想経常利益」。

比較する予想利益は、同じ年度の予想数字を使います。そして、増益率と同様に、会社の経常的な利益を見るため経常利益を使うのが良いでしょう。

具体的に「日経会社情報」で見てみましょう。証券コード７２０３のトヨタ自動車を例にあげます。リビジョンを計算するためには、前回の予想経常利益を取ってくる必要があります。その数字は、１つ前の号の「日経会社情報」から取得します。

２０１５春号では、トヨタ自動車の２０１５年３月期の予想経常利益は２兆９２００億

図表1-37　「日経会社情報」　７２０３　トヨタ自動車

R・23社
【本社】471-8571 愛知県豊田市トヨタ町1
☎0565(28)2121〈東京〉03(3817)7111
【設立】1937.8【上場】1949.5【決算】3月【優待】無

東1 225
7203　トヨタ自動車《じどうしや》

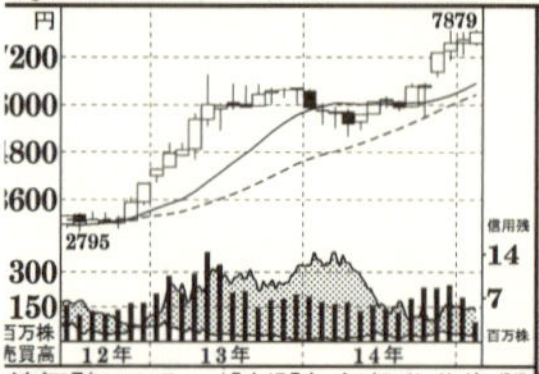

【業績】(百万円)	売上高	営業利益	経常利益	純利益	1株益(円)	1株配(円
13.9連中S	12,537,485	1,255,475	1,343,525	1,000,623	315.8	65.
14.9連中S	12,945,597	1,351,946	1,509,174	1,126,836	356.1	75.
13.4-12連S	19,122,529	1,855,984	2,022,481	1,526,087	481.6	—
14.4-12連S	20,115,614	2,114,826	2,355,635	1,726,863	545.9	—
11.3連S	18,993,688	468,279	563,290	408,183	130.2	50.
12.3連S	18,583,653	355,627	432,873	283,559	90.2	50.
13.3連S	22,064,192	1,320,888	1,403,649	962,163	303.8	90.
14.3連S	25,691,911	2,292,112	2,441,080	1,823,119	575.3	165.
15.3連S予	27,000,000	2,700,000	2,920,000	2,130,000	677.1	200.
16.3連S予	28,000,000	3,000,000	3,250,000	2,300,000	731.2	220.

【QUICKコンセンサス】〈21社〉						
15.3連S予	27,098,181	2,788,980	3,009,306	2,183,766	694.2	200.
16.3連S予	28,632,977	3,213,734	3,366,084	2,441,061	776.0	225.
17.3連S予	29,658,769	3,497,918	3,652,995	2,636,913	838.3	248.

【最高益】連(億円)営業22,921(14.3)　経常24,411(14.3)　純利益18,231(14.3)

【前号予想との比較】　営業利益⬆　純利益⬆

【株主】(14.9)単元564,490名　特定—%　小口—%
金融31.9(31.1)　投信—(—)　法人18.1(17.9)　外国31.0(30.3)　個人11.8(12.6)
日本トラスティ 34153(10.0)9.6 ┆ デンソー 6953(2.0)2.

株価】東8127円
単位100株
単位 81万2700円

【市場】東,名,福,札,海外　貸借
PER12.0倍　時価277781億円
PBR1.8倍　配当利回り2.5%

高安】	高	安	〈14〉	高	安	1日売買高
9-10	8350(07)	21(50)	10	6559	5710	10607
1	3955(2)	2330(11)	11	7314	6696	12892
2	4015(12)	2553(1)	12	7873	7107	11647
3	6760(5)	4030(1)	1	7834	7255	10037
4	7873(12)	5205(4)	2	8229	7495	8932

（出所）「日経会社情報2015春号」

円になります。一方、１つ前の号、２０１５新春号では、２兆７０００億円です。「(今回の予想経常利益２兆９２００億円－前回の予想経常利益２兆７０００億円)÷前回の予想経常利益２兆７０００億円＝８・１%」となります。

「日経会社情報」では、前号予想との比較を、営業利益と純利益については変化率に応じて矢印で表すようにしています。

使用するうえで、前項で紹介したのと同様の注意点があります。

第１が、リビジョンが高ければ高いだけ株価の上昇が期待できるわけではなく、すでに株価が上がっているケースがあることです。それを避けるためには、ＰＥＲと合わせて銘柄を選ぶようにしましょう。

第２が、計算ルールです。前回の予想がマイ

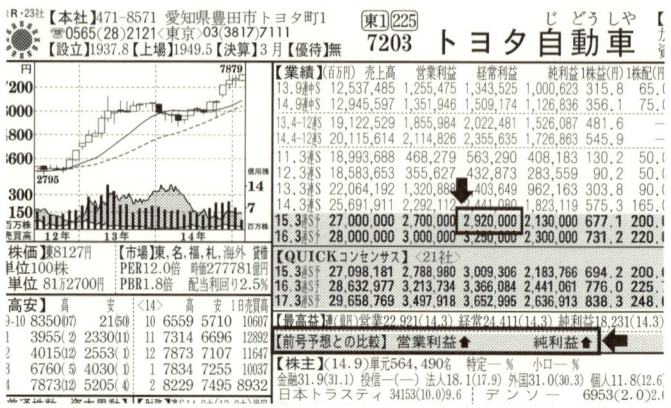

ナス、あるいはゼロの場合には、単純には計算式が使えません。①マイナスからプラス、②ゼロからプラスは１００％のリビジョンと考えましょう。また、１００％以上のリビジョンも１００％と考えるとよいでしょう。ちなみに、③前回予想から赤字が縮小した場合は、判断が難しいので対象外とします。

▼PERと合わせて活用することが重要

リビジョンは、個人投資家の方にはあまりおすすめしません。なぜならば、多くの運用のプロと言われる機関投資家が、投資指標でもっとも注目しているからです。

機関投資家は、個人投資家よりもたくさんの情報を、より早く得られる立場にあります。日ごろ付き合いのあるアナリストと電話で話したり、気になる会社には直接訪問したりして情報を得ます。そうなると、業績が今の予想より良くなりそうだなどと、一般の人よりも早く判断できるかもしれません。

だからこそ、機関投資家は、ＰＢＲなど一般の人と同じタイミングでしかわからない指標よりも、リビジョンを使った方が有利になるとも考えられます。このような情報優位な相手に対して、個人投資家が同じ指標を使って戦うのは得策とは言えません。

では、個人投資家は、リビジョンをまったく使わない方がいいかというと、そうでもありません。リビジョンでもっとも注意しないといけないのは、上方修正がもう株価に反映されてしまっているのに、リビジョンだけで勝負してしまうことです。

そこで、個人投資家は、PERと合わせて使うことをおすすめします。たとえば、株価が割安な銘柄のなかから、予想利益が下振れしなさそうな銘柄をリビジョンでチェックします。この場合、リビジョンがマイナスでなければ基本的に十分でしょう。

具体的には、PERが業種のなかで割安（低PER）の方から3割までの銘柄で、リビジョンがマイナスではない（前回の経常利益予想と比べて、今回の予想が同じか大きく、赤字ではない）銘柄が投資候補となるでしょう。さらに銘柄を絞り込むのであれば、PERの項目であげた銘柄選別の経路を加えていくとよいでしょう。

①　60％＜純利益／経常利益＜70％（0・6と0・7の間）」なら、純利益でそのままPERを計算。この範囲から離れたら、「経常利益×0・65」を純利益とする。

②　PERが15倍以下。

③　PERが業種別の水準で低い方から3割以下。

▼今年度の予想修正は来年度につながる

業績の下振れリスクをチェックするのであれば、リビジョンではなく、増益率を使っても良いような気もします。つまり、低ＰＥＲ、かつ、増益率が高い銘柄を選別するのです。

確かにこの方法も悪くはありません。しかし、業績下振れリスクのチェックは、増益率よりもリビジョンの方がより適切です。同じ業績モメンタムを見ていても、モメンタムが足元のものか、それとももう少し先か、という点が異なるからです。

利益予想はとても難しいものです。会社の業績予想も、今年度の数値は公表しても、来年度の数値は通常、公表しません。そこで、リビジョンを使えば、来年度以降の方向性をとらえることができます。一方、増益率は、足元の、今年度の業績の伸びを表すのみです。リビジョンは、今期の業績予想の修正を表すものなので、来年度は関係ないのでは、と疑問を持つ人もいるでしょう。しかし、今年度の業績予想がプラス方向に増えたということは、その流れが来年度に続く可能性があると考えることができます。したがって、リビジョンは、少し先の予想利益のモメンタムを見るものということになるのです。

次項では増収率（売上高の伸び率）を取り上げます。実は、増収率を使えば、リビジョンよりも先の業績モメンタムを見ることができます。ただ、使い方や解釈が難しいため、リビジョンをＰＥＲと合わせてチェックする方法をおすすめします。

11 増収率——長期的な成長が表れる

▼売り上げと利益の性質の違い

ここでは売上高の成長率を取り上げます。一般に増収率と言われるものです。「(予想売上高－実績売上高)÷実績売上高」で計算します。

実際に、「日経会社情報２０１５春号」を使って計算してみましょう。８０７ページの証券コード５１０８のブリヂストンを例にあげます。「(予想売上高３兆９８００億円－実績売上高３兆６７３９億円)÷実績売上高３兆６７３９億円＝８・３％」となります。

増収率も、経常増益率と同様に、将来の業績の成長予想ですから、高い銘柄の方が良いと言えます。ただ、増益率と違うところは、長期的な成長を見ているという点です。売上高が伸びるということは、企業活動自体が拡大しているということです。たとえば、所属する業界が成長していると、増収しやすくなります。

一方、利益の場合は少し違います。なぜなら、売り上げが増えなくても、人員削減など

図表1-38 「日経会社情報」 5108 ブリヂストン

株R・15社 【本社】104-8340 東京都中央区京橋3-1-1
☎03(6836)3001
【設立】1931.3【上場】1961.10【決算】12月【優待】無

東1 225
5108 ㈱ブリヂストン

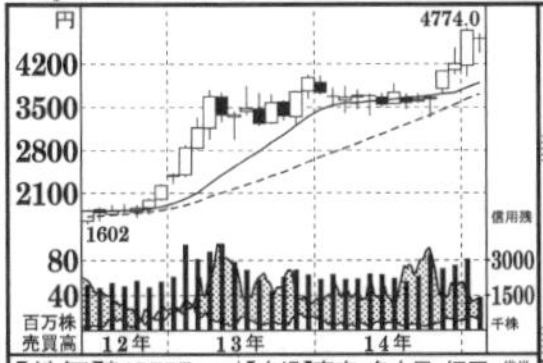

【業績】(百万円)	売上高	営業利益	経常利益	純利益	1株益(円)	1株配(円)
12.6連中	1,488,970	133,785	128,981	75,266	96.2	16.0
13.6連中	1,705,190	190,399	184,967	117,041	149.5	27.0
14.6連中	1,750,259	223,152	219,963	142,243	181.6	40.0
15.6連予	**1,880,000**	**232,000**	**226,000**	**138,000**	**176.2**	**60.0**
10.12連	2,861,615	166,450	147,905	98,913	126.2	20.0
11.12連	3,024,355	191,321	179,317	102,970	131.6	22.0
12.12連	3,039,738	285,995	285,043	171,605	219.3	32.0
13.12連	3,568,091	438,131	434,793	202,053	258.1	57.0
14.12連	3,673,964	478,038	463,212	300,589	383.8	100.0
15.12連予	**3,980,000**	**519,000**	**501,000**	**319,000**	**407.3**	**120.0**
【QUICKコンセンサス】<9社>						
15.12連予	**4,017,367**	**548,467**	**539,667**	**350,356**	**447.4**	**126.6**
16.12連予	**4,173,213**	**570,213**	**560,800**	**363,588**	**464.3**	**130.0**
17.12連予	**4,324,500**	**608,750**	**606,150**	**388,400**	**496.0**	**140.0**

【最高益】連(億円)営業4,780(14.12) 経常4,632(14.12) 純利益3,006(14.12)
【前号予想との比較】 営業利益⬆ 純利益⬆

【株価】東4575円
単位100株
1単位 45万7500円

【市場】東京, 名古屋, 福岡 貸借
PER11.2倍 時価37199億円
PBR1.7倍 配当利回り2.6%

【高安】	高	安	<14>	高	安	1日売買高
61-10	4120(99)	197(65)	10	3692.0	3328.0	3882
11	2002(7)	1506(3)	11	4082.5	3728.0	3924
12	2245(12)	1602(6)	12	4458.5	4030.0	3537
13	4025(12)	2248(1)	1	4774.0	3990.0	4301
14	4458.5(12)	3328(10)	2	4735.0	4375.5	3735

【株主】(14.12)単元55,894名 特定35.8% 小口4.0%
金融31.1(31.4) 投信6.4(6.5) 法人13.9(14.0) 外国31.6(31.6) 個人14.5(14.8)

石橋財団	7669(9.4)9.4	永坂産業	1633(2.0)2.0
日本トラスティ信託口	3763(4.6)5.3	野村証券	1279(1.6)1.4

【普通株数・資本異動】【財務】連14.12(13.12) 億円

（出所）「日経会社情報 2015 春号」

でコストを下げれば利益を増やせるからです。売り上げが伸びなくなると、そのままでは利益が増えません。そこで、コストカットをして利益を成長させるという戦略をとるのです。

▶売り上げと利益、4つのパターン別攻略法

ここで、4つのパターンが出てきます。

① 増収、増益
② 増収、減益
③ 減収、増益
④ 減収、減益

です。会社はどのようなサイクルをたどるのでしょうか。

①の増収増益は正常な企業活動です。しかし、増収のスピードが鈍ると、会社の業容拡

図表1-39　会社の増収と増益の流れ

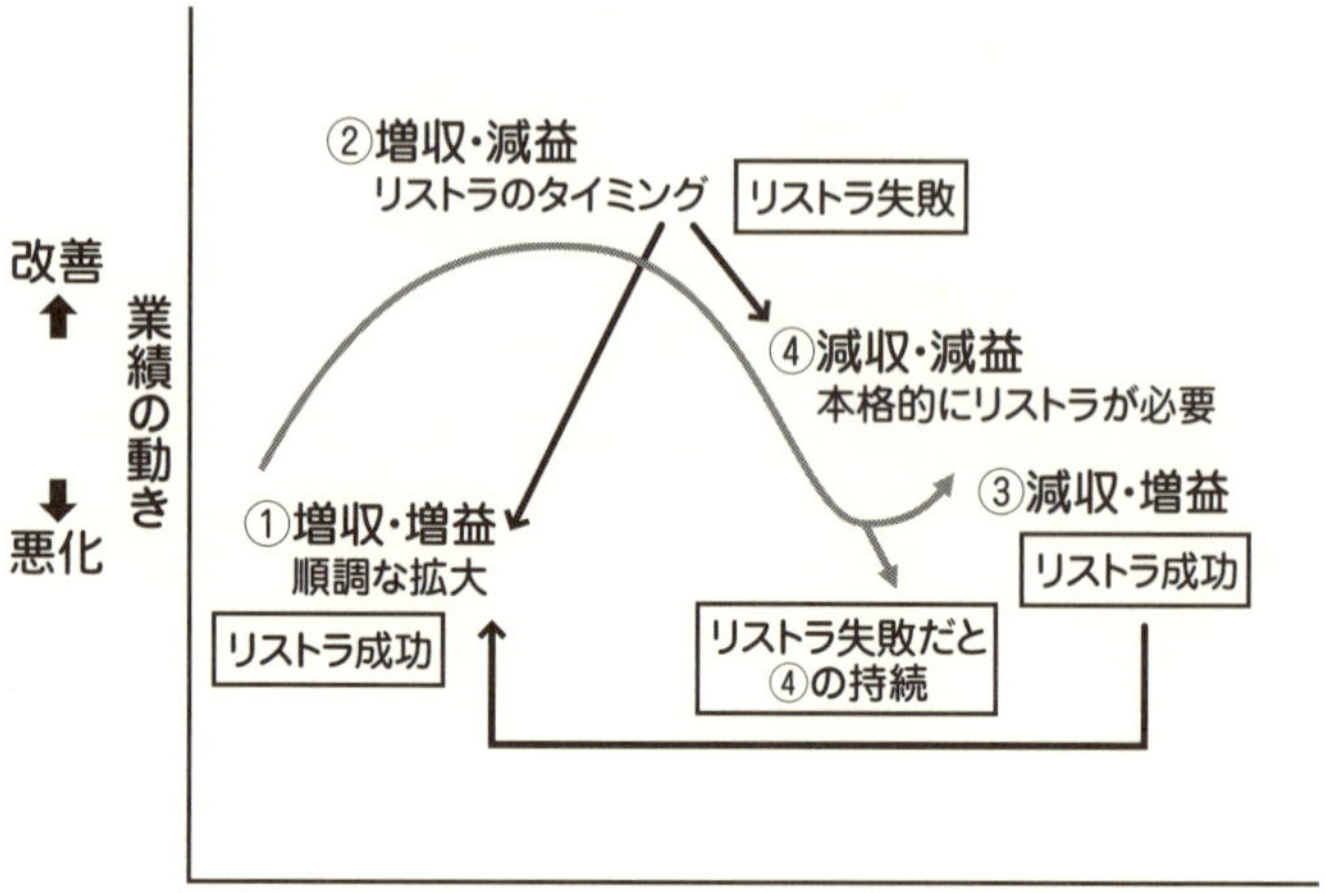

大に合わせて設備投資や従業員を雇っていた場合、コスト負担がのしかかります。そうなると、②の増収減益になります。

ここがリストラのタイミングです。うまくリストラすると、増収のペースは落ちても、①の増収増益に戻ることができます。こうした会社は、株価も堅調な推移が期待できますが、一般には、速やかなコストカットは難しく、④の減収減益になってしまいます。そして、リストラをすることで③の減収増益に持ち込むと、業界全体の景気が改善してきた場面で、①の増収増益に戻ります。

それでは、具体的に投資戦略としてどのように使うのが良いのでしょうか。

まず、リストラを進めている会社を狙う際には、③の減収増益が有望です。単純に言え

図表1-40　サイクルを利用した2つの戦略

（戦略1）

リストラを進めている会社

③減収増益

減収で経常増益率が5%以上

⬇

業界の環境が改善して、①増収増益に回復する銘柄を期待

（戦略2）

順調に成長する増収増益銘柄

①増収増益

増収で経常増益率が8%以上

ば、売り上げの伸びがマイナスで、経常増益率が5％程度の銘柄です。経常増益率の項では8％と説明しましたが、減収では8％の達成は難しいためです。

そして、将来、業界環境が良くなり、順調な成長過程に入って増収増益になる前に投資することを狙います。ただし、減収増益の後、業界環境が改善せずに、再び減収減益になることにも注意する必要があります。リストラ期待銘柄への投資は、将来の業界環境を予想しないといけないため、難しい投資手法です。

一方、順調に成長する①の増収増益銘柄の選別はどうでしょうか。経常増益率の項で、「経常増益率8％以上の銘柄を狙う」と説明しましたが、さらに増収（前年と比べて予想売上高が大きい）という条件を加えてスクリーニングする方法も効果的です。足元が増益基調で、かつ売り上げも伸びているので、増益が続くことが期待できます。

いずれにしても、増収率は単独で使うものではなく、増益率と合わせて利用すると効果的な指標です。

12 ＲＯＥ（自己資本利益率）——株主還元を測る

近年もっとも注目される指標

成長性を測る（グロース）指標のなかで、代表的な指標がＲＯＥ（自己資本利益率）です。ＲＯＥは、予想ベースの場合、「予想純利益÷自己資本」で計算します。

実際に「日経会社情報」で確認してみましょう。「日経会社情報２０１５春号」の２６４ページにある証券コード番号２５０１のサッポロホールディングスを例にあげます。「予想純利益80億円÷自己資本１５６３億円＝５・１％」となります。

実は、「日経会社情報」には計算ずみの数値が掲載されていますので、簡単に確認することができます。

ＲＯＥは１９９０年代から注目されている指標です。２０１２年末のアベノミクス相場以降、ＲＯＥはとても重視されるようになってきました。

なぜでしょうか。それは、ＲＯＥが、株主に対する価値や株主還元を表すもっとも重要

図表1-41　「日経会社情報」　2501　サッポロホールディングス

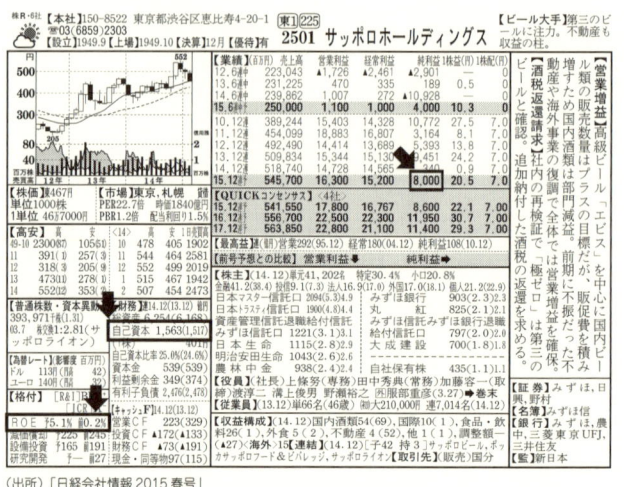

株R・6社　【本社】150-8522 東京都渋谷区恵比寿4-20-1　東1 225
☎03(6859)2303
【設立】1949.9【上場】1949.10【決算】12月【優待】有

2501 サッポロホールディングス

【ビール大手】第三のビールに注力。不動産も収益の柱。

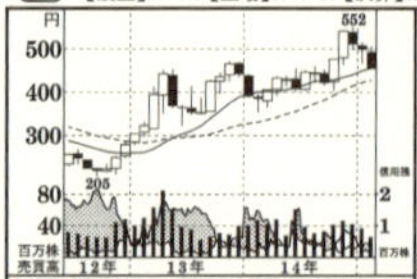

【業績】(百万円)	売上高	営業利益	経常利益	純利益	1株益(円)	1株配(円)
12.6連中	223,043	▲1,726	▲2,461	▲2,901	—	0
13.6連中	231,225	470	335	189	0.5	0
14.6連中	239,862	1,007	272	▲10,928	—	0
15.6連中予	250,000	1,100	1,000	4,000	10.3	0
10.12連	389,244	15,403	14,328	10,772	27.5	7.0
11.12連	454,099	18,883	16,807	3,164	8.1	7.0
12.12連	492,490	14,414	13,689	5,393	13.8	7.0
13.12連	509,834	15,344	15,130	9,451	24.2	7.0
14.12連	518,740	14,728	14,565	340	0.9	7.0
15.12予	545,700	16,300	15,200	8,000	20.5	7.0
【QUICKコンセンサス】〈4社〉						
15.12予	541,550	17,800	16,767	8,600	22.1	7.00
16.12予	556,700	22,500	22,300	11,950	30.7	7.00
17.12予	563,850	22,800	21,100	11,400	29.3	7.00

【最高益】連(億円)営業292(95.12) 経常180(04.12) 純利益108(10.12)
【前号予想との比較】 営業利益⬇　純利益➡

【営業増益】高級ビール「エビス」を中心に国内ビール類の販売数量はプラスの目標だが、販促費を積み増すため国内酒類は部門減益。前期に不振だった不動産や海外事業の復調で全体では営業増益を確保。
【酒税返還請求】社内の再検証で「極ゼロ」は第三のビールと確認。追加納付した酒税の返還を求める。

【株価】東467円　単位1000株　1単位 46万7000円
【市場】東京，札幌　貸借　PER22.7倍　時価1840億円　PBR1.2倍　配当利回り1.5%

【高安】	高	安	〈14〉	高	安	1日売買高
49-10	2300(87)	105(51)	10	478	405	1902
11	391(1)	257(3)	11	544	464	2581
12	318(3)	205(9)	12	552	499	2019
13	473(11)	278(1)	1	515	467	1942
14	552(12)	353(2)	2	507	454	2473

【普通株数・資本異動】393,971千株(1.31)
03.7　株交換1:2.81(サッポロライオン)

【為替レート】(影響度 百万円)
ドル　113円(円高　42)
ユーロ　140円(円高　32)

【格付】［R&I］B　［JCR］
ＲＯＥ　予5.1%　前0.2%
減価償却　予225　前245
設備投資　予165　前191
研究開発　予—　前27

【財務】連14.12(13.12) 億円
総資産 6,254(6,168)
自己資本 1,563(1,517)
(1株) 401円
自己資本比率 25.0%(24.6%)
資本金 539(539)
利益剰余金 349(374)
有利子負債 2,476(2,478)

【キャッシュF】14.12(13.12)
営業ＣＦ　223(329)
投資ＣＦ　▲172(▲133)
財務ＣＦ　▲73(▲191)
現金・同等物97(115)

【株主】(14.12)単元41,202名　特定30.4%　小口20.8%
金融41.2(38.4) 投信9.1(7.3) 法人16.9(17.0) 外国17.0(18.1) 個人21.2(22.9)

日本マスター信託口	2094(5.3)4.9	
日本トラスティ信託口	1900(4.8)4.4	
資産管理信託退職給付信託みずほ信託口	1221(3.1)3.1	
日本生命	1115(2.8)2.9	
明治安田生命	1043(2.6)2.6	
農林中金	938(2.4)2.4	
みずほ銀行	903(2.3)2.3	
丸紅	825(2.1)2.1	
みずほ信託みずほ銀行退職給付信託口	797(2.0)2.0	
大成建設	700(1.8)1.8	
自社保有株	435(1.1)1.1	

【役員】(社長)上條努(専務)田中秀典(常務)加藤容一(取締)渡淳二 溝上俊男 野瀬裕之 囲服部重彦(3.27)➡巻末
【従業員】(13.12)単66名(46歳) (初)大210,000円 連7,014名(14.12)
【収益構成】(14.12)国内酒類54(69)，国際10(1)，食品・飲料26(1)，外食5(2)，不動産4(52)，他1(1)，調整額—(▲27)〈海外〉15【連結】(14.12)［子42 持3］サッポロビール，ポッカサッポロフード＆ビバレッジ，サッポロライオン【取引先】(販売)国分

【証券】みずほ，日興，野村
【名簿】みずほ信
【銀行】みずほ，農中，三菱東京UFJ，三井住友
【監】新日本

（出所）「日経会社情報2015春号」

な指標だからです。

　ＲＯＥの分母は自己資本ですが、自己資本を少し掘り下げて考えてみましょう。

　自己資本の中身（勘定科目）を見ると、大きく分けると、資本金、資本剰余金、利益剰余金からなっています。資本金と資本剰余金は株主が払い込んだお金で、会社の事業活動の元手になります。そして、利益剰余金は、会社が儲けを出して蓄積したお金です。つまり、利益剰余金は、株主が払い込んだお金を元手に増やしていったものです。

　これら3つを合わせたのが自己資本です。会社側に増やしてもらった分も含んではいますが、基本的には株主が払い込んだお金ということになります。

ＲＯＥは、そのお金に対してどれだけ利益を稼いでいるかを見る指標です。会社の事業活動によって、自己資本の金額である株主のお金をどれだけ上手に使って利益を生み出したか、という自己資本活用の効率性を測ります。

株主からのお金を上手に活用して利益を生むということは、それだけ株主に利益を還元していることになります。したがって、ＲＯＥは、株主還元や株主収益性を見る指標と言えます。ＲＯＥが高ければ高いほど、株主還元や自己資本活用の効率性が高いということです。

何％以上あればよいのか

では、実際に投資をするうえでは、何％を基準に考えるとよいのでしょうか。まず、①８％以上ということが１つのハードルとなります。また、②ボーダーラインとして５％以上という基準があります。

なぜ、８％と５％を基準とするのでしょうか。過去の経験則によるものではありません。理由の１つは、アベノミクスの第３の矢として知られる長期成長戦略です。先に触れたように、２０１４年８月、経済産業省は、「持続的成長への競争力とインセンティブ～企業と投資家の望ましい関係構築～」と題するレポートを発表しました。このなかで、「グローバルな投資家との対話では、８％を上回るＲＯＥを最低ラインとし、より高い水準を目指すべき」という報告がされました。その結果、上場企業の多くは、この８％をＲＯＥの目標とするようになっています。

現状、日本企業のＲＯＥは、平均でもこの８％に達していません。したがって、ＲＯＥ８％は高いハードルになっています。

そこで、②であげたボーダーラインの５％が重要になります。最近、機関投資家の間では、この５％が注目される数値となってきました。株を持っている会社のＲＯＥが５％に達しているかどうかを、議決権行使の基準とするケースが多くなっているのです。

▼業種によって大きく異なる理由

ＲＯＥも、ＰＥＲなどと同様、業種別で大きく異なる指標です。業種別の平均ＲＯＥを見ると、情報・通信は17・１％と高い一方で、石油・石炭は１・７％となっています。情報・通信はかなり高い水準ですね。

あまり設備投資が必要ない業種はＲＯＥが高くなりやすいため、差が大きくなるのです。いずれにしても、業種で大きく異なるということは留意しておく必要があります。

ＲＯＥを使うにあたって、２つのポイントがあります。

図表 1-42　ROEの業種別平均値

業種番号	業種名	平均値	順位	業種番号	業種名	平均値	順位
1	水産・農林	11.4%	8	18	精密機器	12.2%	6
2	鉱業	6.1%	29	19	その他製品	7.3%	25
3	建設	10.7%	11	20	電気・ガス	6.9%	27
4	食料品	10.1%	16	21	陸運	9.7%	17
5	*繊維製品*	*3.9%*	*32*	22	海運	6.0%	30
6	*パルプ・紙*	*4.9%*	*31*	23	空運	13.0%	5
7	化学	11.1%	9	24	倉庫・運輸	6.3%	28
8	医薬品	7.6%	24	**25**	**情報・通信**	**17.1%**	**1**
9	*石油・石炭*	*1.7%*	*33*	26	卸売	8.6%	18
10	**ゴム製品**	**16.6%**	**2**	27	小売	10.1%	15
11	ガラス土石	8.4%	20	28	銀行	7.9%	22
12	鉄鋼	7.7%	23	29	証券	10.4%	13
13	非鉄金属	10.2%	14	30	保険	7.1%	26
14	金属製品	8.3%	21	31	その他金融	11.8%	7
15	機械	10.7%	10	32	不動産	8.5%	19
16	電気機器	10.5%	12	33	サービス	13.9%	4
17	**輸送用機器**	**14.2%**	**3**				

（出所）大和証券資料より抜粋
（注）上位3位は太字、下位3位は斜体
　　2015年1月末現在

第1は持続性です。たとえば、同じ水準のROEを稼ぐ会社があったとします。1つはゲーム会社です。ヒットが出れば、利益は大きくふくらみます。一方、発売したゲームが全然売れなかったら、ゲームクリエイターに支払う人件費やシステム投資で損が出てしまいます。

もう1つは、高収益の食品ブランドを持っている食品会社です。売り上げは爆発しないかもしれませんが、ROEは安定します。

ゲーム業界のように、利益が大きく変動してROEが安定しない業界の一方で、食品業界のように、利益変動が小さく、ROEが変化しにくい安定した業種は持続性が高いと見ることができます（ただし、産地偽装や異物混入などで業績が急激に悪化するリスクはあります）。

第２は、業態としてそれほど設備投資がいらない業界は、資本が少なくてすむため、ＲＯＥが高くなりやすいことです。たとえば、鉄鋼業界や自動車業界などは、工場などの大きな設備が必要になります。一方、ゲーム業界は通常、工場が不要で設備投資が少なくてすむため、資本が大きくなりません。そのため、ヒット作が出て利益がふくらむと、ＲＯＥが高くなりやすいのです。

したがって、ＲＯＥは業種別に見る必要があります。積極的に銘柄を選ぶのであれば、①ＲＯＥが８％以上、②ＲＯＥが業種内の上から３割以上、という２つの条件をクリアする必要があるでしょう。

■バリュー指標と合わせて使うことが重要

ＲＯＥはとても重要なのですが、使い方が難しい指標でもあります。なぜなら、本来、ＲＯＥは会社側の目線から見る指標だからです。どういうことでしょうか。

会社側（経営者側）の目線と、株主側の目線は本質的に異なります。投資の観点（株主側の目線）で考えると、ＲＯＥばかり重視するのは疑問です。投資家は、株を時価（株価）で買います。このため、会社の純資産に対する利益がどうであろうと、株価と利益か

図表1-43　経営者と投資家で異なるROEの見方

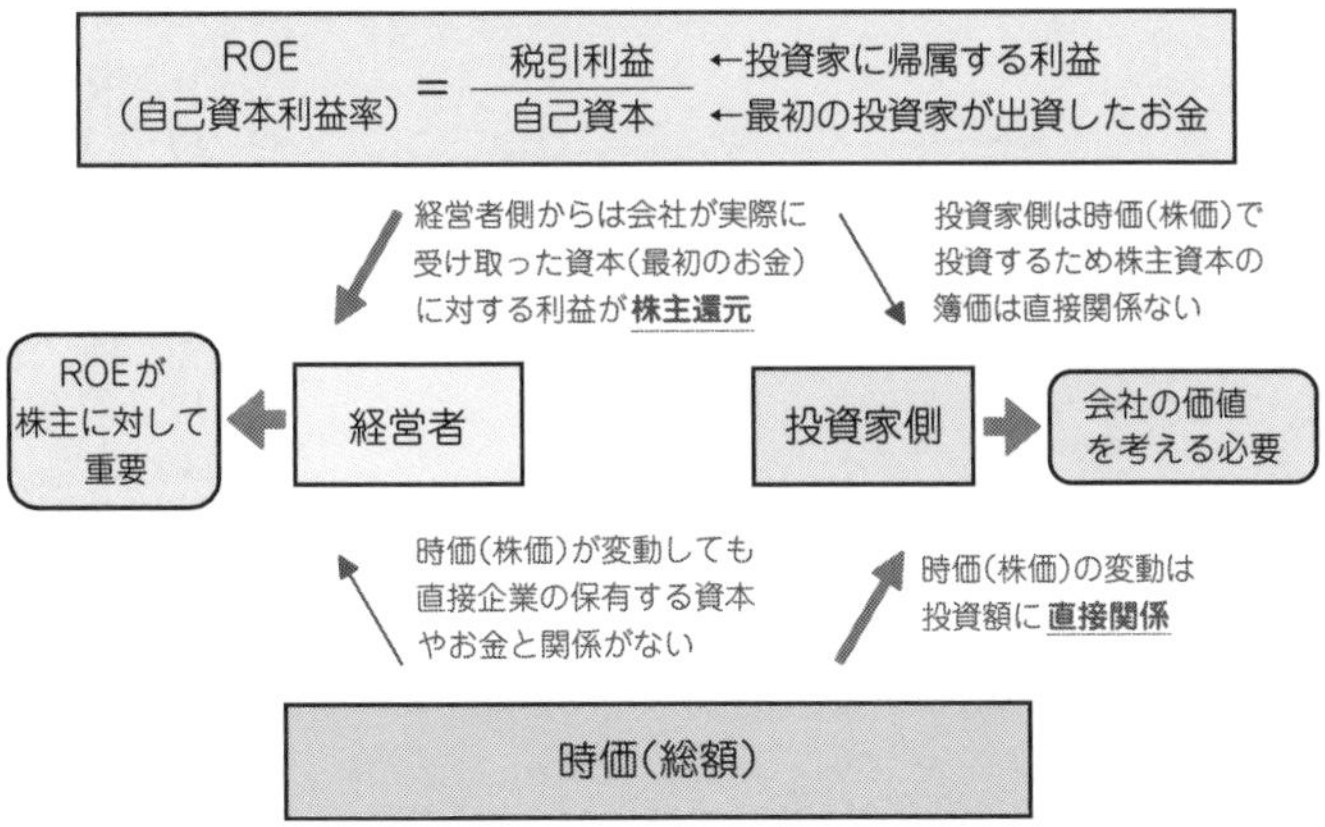
ROE
（自己資本利益率）
＝
税引利益
自己資本
←投資家に帰属する利益
←最初の投資家が出資したお金
経営者側からは会社が実際に受け取った資本（最初のお金）に対する利益が株主還元
投資家側は時価（株価）で投資するため株主資本の簿価は直接関係ない
ROEが株主に対して重要
経営者
投資家側
会社の価値を考える必要
時価（株価）が変動しても直接企業の保有する資本やお金と関係がない
時価（株価）の変動は投資額に直接関係
時価（総額）

ら見た関係、すなわちＰＥＲが重要です。

一方で、会社側の目線に立つと、ＲＯＥは株主還元を測るうえでもっとも重要な指標です。株価の変動は、会社が持つお金の増減とは直接関係がありません。会社にとって、株主から預かったお金とは、新株発行などの増資をしないなら、最初に株主が払い込んだ資本金と資本準備金だからです。このため、実際に株主から受け取ったお金に対して会社が還元するという観点で見れば、ＲＯＥがもっとも大切な指標となるのです。

そう考えると、ＲＯＥだけでなく、バリュー指標を組み合わせて考える必要があります。

ただし、景気が厳しくなった局面などでは、ＲＯＥのみを使った投資の方が効果的なケースがあります。

こうした局面では、先ほど説明した、

①　ROEが業種の上から3割以上にある銘柄

②　ROEが8％以上

の銘柄のなかで、特にROEが高い銘柄に注目します（この点は第2章で詳述します）。

13 ROA(総資産利益率)――会社全体の収益力を見る

ROA

▼ROEとROA、どちらが重要か

ROEと同じく、成長性を測る(グロース)指標のなかで、代表的な指標がROA(総資産利益率)です。

ROAの利益は、営業利益を使うケースがほとんどです。つまり、「予想営業利益÷総資産」(予想の場合)で計算します。実際に「日経会社情報2015春号」で計算してみましょう。

1355ページの証券コード番号7751のキヤノンを例にあげます。「予想営業利益3800億円÷総資産44606億円=8・5%」となります。

ROEとROA、どちらを重視したらよいのでしょうか。

答えはROEです。ROEは、前項で説明したように、自己資本に対する利益を見るものですから、株主還元を表しています。それに対してROAは、総資産に対する利益の割

図表1-44　「日経会社情報」　7751　キヤノン

株R・15社【本社】146-8501 東京都大田区下丸子3-30-2 東1 225
☎03(3758)2111
【設立】1937.8【上場】1949.5【決算】12月【優待】無
7751 キ ヤ ノ ン

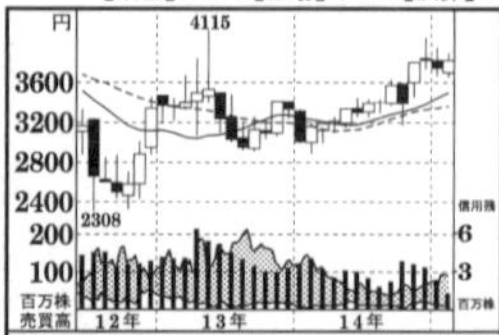

【業績】(百万円)	売上高	営業利益	経常利益	純利益	1株益(円)	1株配(円)
12.6連中S	1,728,445	175,275	178,269	113,252	95.3	60.0
13.6連中S	1,783,533	153,127	159,123	107,409	93.2	65.0
14.6連中S	1,795,108	193,188	196,166	128,458	114.5	65.0
15.6連中S予	1,900,000	190,000	195,000	125,000	114.5	75.0
10.12連S	3,706,901	387,552	392,863	246,603	199.7	120.0
11.12連S	3,557,433	378,071	374,524	248,630	204.5	120.0
12.12連S	3,479,788	323,856	342,557	224,564	191.3	記130.0
13.12連S	3,731,380	337,277	347,604	230,483	200.8	130.0
14.12連S	3,727,252	363,489	383,239	254,797	229.0	150.0
15.12連S予	3,900,000	380,000	390,000	260,000	238.1	150.0
【QUICKコンセンサス】〈14社〉						
15.12連S予	3,831,053	382,993	390,693	260,332	238.4	150.7
16.12連S予	3,847,992	391,023	398,285	264,808	242.5	154.2
17.12連S予	3,778,521	362,686	372,186	248,514	227.6	153.3

【最高益】連(億円)営業7,567(07.12) 経常7,684(07.12) 純利益4,883(07.12)

【前号予想との比較】 営業利益➡ 純利益➡

【株価】東3869円　単位100株　1単位 38万6900円

【市場】東,名,福,札,NY 貸借　PER16.2倍　時価51603億円　PBR1.4倍　配当利回り3.9%

【高安】	高	安	〈14〉	高	安	1日売買高
49-10	9020(06)	50(49)	10	3595.5	3172.0	5855
11	4280(1)	3220(11)	11	3803.5	3453.5	6771
12	4015(3)	2308(7)	12	4045.0	3732.5	5396
13	4115(5)	2913(9)	1	3950.0	3663.5	4246
14	4045(12)	2889(2)	2	3895.0	3653.5	4077

【普通株数・資本異動】
1,333,763千株(1.31)
10.10 株交換1:0.61:0.12
(キヤノンマシナリー他1社)

【為替レート】(影響度 百万円)
ドル 120円(円安 5,700)
ユーロ 135円(円安 2,900)

【財務】連S14.12(13.12)億円
総資産 44,606(42,427)
自己資本 29,782(29,103)
(1株) 2728円
自己資本比率 66.8%(68.6%)
資本金 1,748(1,748)
利益剰余金33,850(32,758)

【株主】(14.12)単元236,509名 特定39.2% 小口8.8%
金融28.9(28.0) 投信4.8(4.9) 法人2.6(2.7) 外国30.5(30.1) 個人12.7(14.0)

日本マスター信託口	5831(4.4)4.5	ステート・ストリート505223	2015(1.5)2.7
日本トラスティ信託口	4835(3.6)3.8	野村証券	1962(1.5)1.4
第一生命	3742(2.8)2.8	損保ジャパン日本興亜	1744(1.3)1.3
バークレイズ証券	3023(2.3)2.2	ステート・ストリート505225	1657(1.2)1.2
モクスレイ&Co.	2657(2.0)1.8		
みずほ銀行	2256(1.7)1.7	自社保有株	24193(18.1)17.1

【役員】(会長・社長CEO)御手洗冨士夫(副社長CFO)田中稔三(専務)足達洋六 松本繁幸 本間利夫 小澤秀樹 眞

（出所）「日経会社情報 2015 春号」

合です。総資産は、株主が出資した分と、会社が銀行からの借入金や社債の発行などでお金を調達した負債分も合わさったものです。

ですので、ＲＯＡは株主に対する収益性も表していますが、負債部分も含んだ総資産の全体に対する収益性を見る指標です。負債分も含むため、直接、株主価値とは関係しません。

●てこの力を見破る

では、なぜＲＯＡを見る必要があるのでしょうか。ＲＯＡは、会社全体の収益力を見るという観点から重要です。この観点を少し掘り下げて考えましょう。

ＲＯＥとＲＯＡの関係は、次のようにな

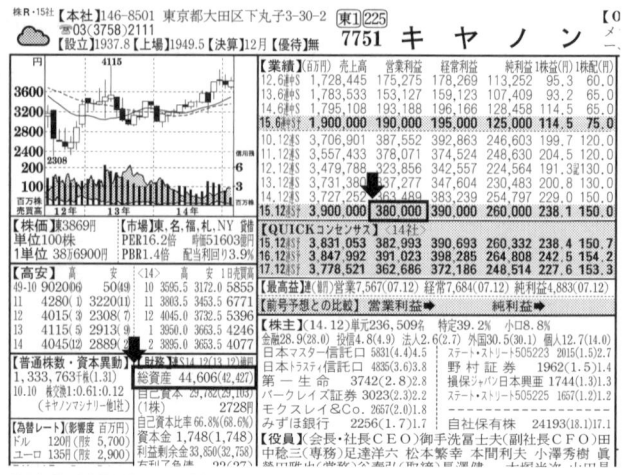

図表1-45　ROEとROA

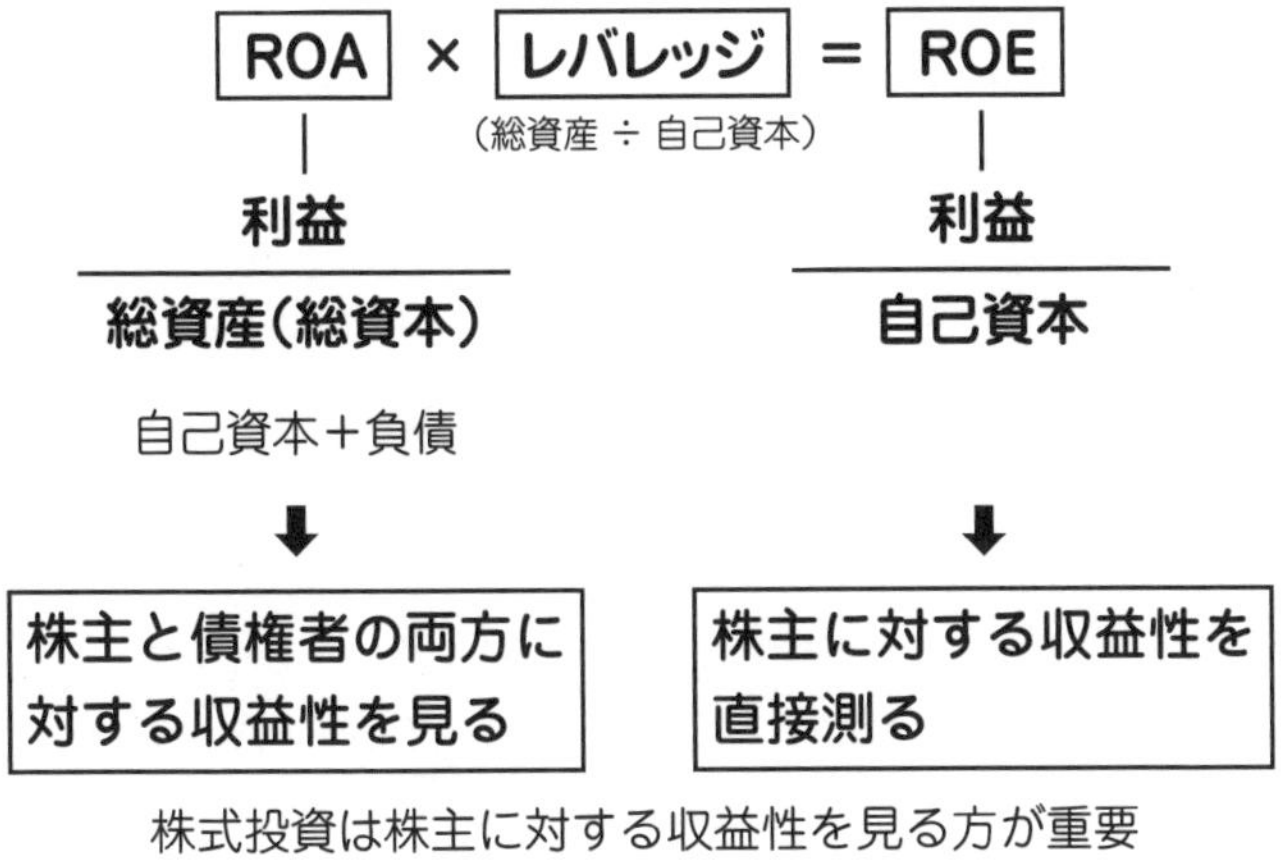

ります。

ROE＝（利益÷総資産）×（総資産÷自己資本）
＝ROA×レバレッジ

ROEは純利益を使いROAは営業利益を使うので本来は異なりますが、簡単にするためにここでは単に利益とします。

ここで言うレバレッジとは、「総資産÷自己資本」のことです。自己資本比率ととても関係が深い指標です。自己資本比率は「自己資本÷総資産」ですが、レバレッジはこの分子と分母が逆転したものです。

レバレッジは、簡単に言うと、「会社の事業活動の基本となる株主が出資したお金に対して、借入などを行って、会社全体の資産をどこまで増やしたか」という比率を表します。自己資金だけでなく、信用力でお金を借りて、会社全体で使える資産をどれだけ増やしたか、ということです。

前項でＲＯＥが８％以上というスクリーニングを説明しましたが、実は会社の資産全体の収益性を表すＲＯＡが低いのに、レバレッジを高くしてＲＯＥを高く見せているのかもしれません。

総資産は「自己資本＋負債」です。したがって、レバレッジの部分は1より大きい値になります。仮に会社の業績が落ち込み、ＲＯＡが下がったらどうなるでしょうか。レバレッジでＲＯＥを高くしていると、ＲＯＡの低下以上にＲＯＥが低下することになります。まさに、レバレッジ（てこ）がきいているためです。

もう少し簡単に考えてみましょう。レバレッジが高いということは、たとえば、景気が厳しくなったときに、借入金の金利が上がり負担が重くなります。これはＲＯＥを低下させることにつながります。

このようなチェックの目的はありますが、ＲＯＡは、ＲＯＥの補完的な利用にとどめておく方が良いでしょう。

実際の銘柄選別では、ＲＯＥが高い会社（８％以上で業種内の高い方から3割以内）に加えて、ＲＯＡが低くないという条件も使われます。しかし、ＲＯＡとＲＯＥはレバレッ

図表 I-46　各指標の業種別3割ライン

業種No	業種名	予想PER	予想PCFR	予想EV/EBITDA	予想PSR	キャッシュ÷総資産	予想ROE
1	水産・農林	8.7	4.1	10.5	0.15	5.5	15.8
2	鉱業	5.8	3.6	2.7	0.31	26.7	8.4
3	建設	12.2	8.8	4.7	0.29	29.4	10.0
4	食料品	20.6	8.2	7.3	0.37	21.9	7.3
5	繊維製品	13.8	6.3	6.4	0.32	19.9	7.7
6	パルプ・紙	13.5	3.5	8.2	0.25	8.6	5.7
7	化学	13.7	6.4	6.1	0.47	25.2	9.0
8	医薬品	20.2	11.5	8.5	1.28	28.7	9.2
9	石油・石炭	14.4	3.7	9.5	0.09	9.0	7.0
10	ゴム製品	9.7	5.2	5.8	0.57	17.3	15.1
11	ガラス土石	12.3	5.5	5.6	0.44	23.4	8.7
12	鉄鋼	11.7	5.4	5.8	0.38	22.3	7.3
13	非鉄金属	10.4	4.2	6.3	0.28	10.7	10.1
14	金属製品	10.6	6.2	4.3	0.33	24.2	9.6
15	機械	13.1	8.4	5.9	0.58	29.8	10.8
16	電気機器	13.8	6.6	5.0	0.48	36.2	10.7
17	輸送用機器	10.4	4.2	3.7	0.26	18.6	10.4
18	精密機器	14.0	8.3	6.9	0.53	32.5	9.4
19	その他製品	13.9	7.1	4.9	0.36	29.3	8.7
20	電気・ガス	15.6	3.9	7.7	0.34	7.3	8.9
21	陸運	15.4	6.1	6.6	0.39	9.4	9.2
22	海運	12.0	3.7	8.9	0.25	14.7	11.0
23	空運	20.7	6.6	7.1	0.47	20.7	7.8
24	倉庫・運輸	13.9	5.2	6.9	0.27	14.7	6.1
25	情報・通信	14.7	9.2	5.4	0.64	75.2	13.5
26	卸売	10.4	7.0	5.2	0.12	23.7	9.8
27	小売	17.1	8.0	6.6	0.26	24.4	11.9
28	銀行	9.5	---	---	1.24	---	5.8
29	証券	11.5	---	---	1.69	---	13.7
30	保険	12.8	---	---	0.39	---	10.0
31	その他金融	8.7	---	---	0.69	---	11.2
32	不動産	9.9	7.7	7.2	0.51	32.2	13.7
33	サービス	15.7	10.5	6.0	0.61	52.3	16.1

（出所）大和証券資料より抜粋
（注）・キャッシュ÷総資産とROEは3割以上が魅力的、それら以外は3割以下が魅力的
・キャッシュ÷総資産とROEは値が大きい方から3割ライン、それら以外は低い方から3割ライン
・金融業のチェックができないものは、---で表示
・キャッシュ÷総資産とROEは単位：%、それら以外は単位：倍
・キャッシュ÷総資産とROEの時価加重平均が3割ラインを上回る業種もある。
また、それら以外では時価総額加重平均が3割ラインを下回る業種もある
・2015年1月末現在

ジでつながっており、レバレッジは自己資本比率と関係する指標です。ＲＯＡのチェックの代わりに、自己資本比率が業種別に下から２割未満に入らないという条件を使えばよいでしょう。

コラム

2割ポートフォリオで収益を測る

投資指標は本当に有効か、端的に言えば、使って意味があるのかを判断するためにプロが統計分析を行う際は、2割ポートフォリオというものをよく使います。本書でも、この2割ポートフォリオでの検証結果を紹介しています。

実際に、2割ポートフォリオというのはどのようなものでしょうか。PBRを使った検証を紹介しましょう。東証1部に上場する会社を分析の対象に取り上げます。

東証1部の会社数は2015年3月末時点で外国会社を除いて1875社です。これら1875社の会社のPBRをランキングし、低い方（低PBRの銘柄）から順番に2割に入る銘柄を選びます。

2割ですから銘柄数は「1875×2割＝375社」となります。

これら2割の銘柄に同じ金額を投資すると考えます。例えば、100万円ずつ投資したとします。「100万円×375社＝3・75億円」が必要な資金となりますが、こんなにたくさんのお金は持ち合わせていないという投資家がほとんどでしょう。

しかし、ここでは、PBRを使って投資をした際に、どの程度の利益が稼げるのか

図表1　PERとPBRの2割ポートフォリオの累積超過リターンの比較

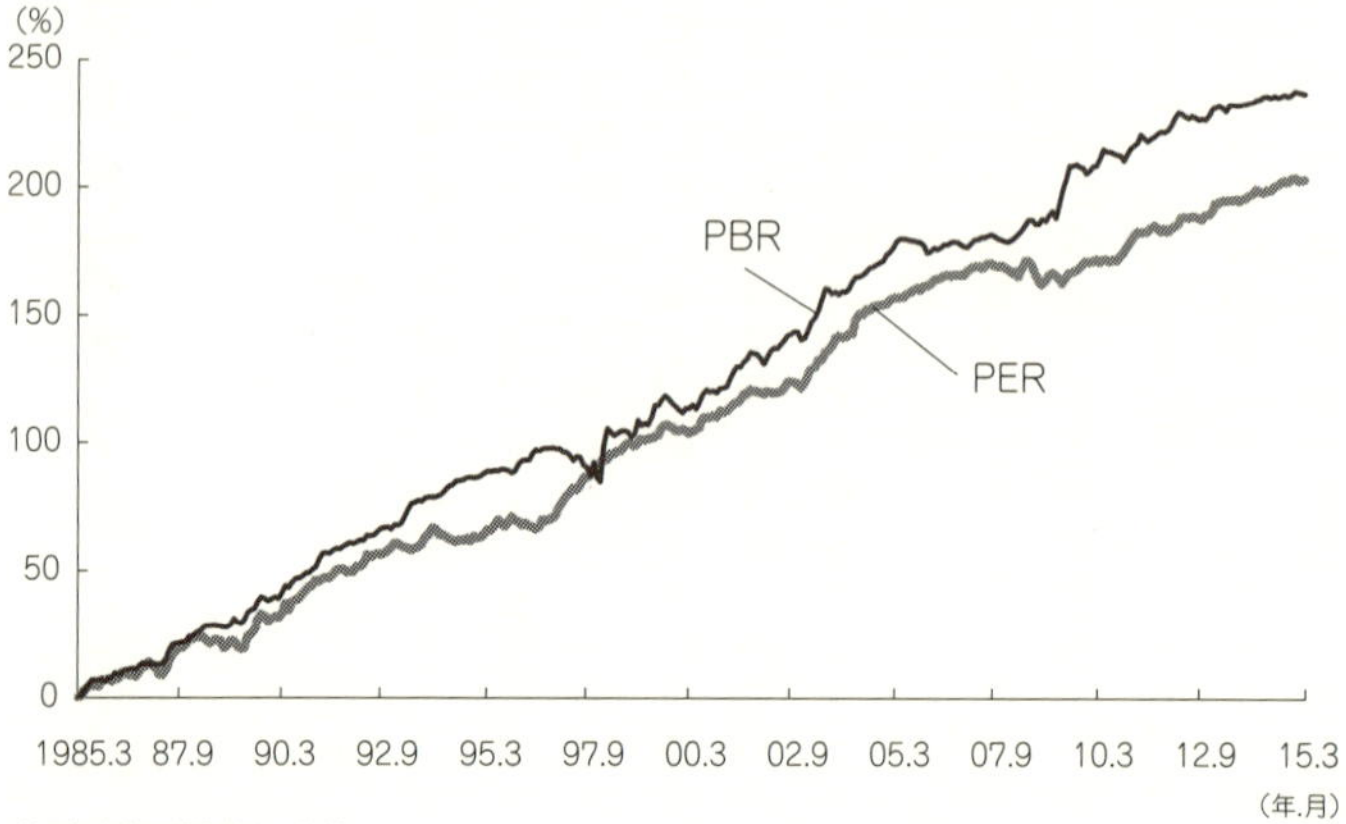

(出所) 大和証券資料より抜粋

の目安を測ることが目的です。わかりやすい基準で、大まかな(平均的な)結果を見てみます。

　前述の方法で毎月末に2割ずつの銘柄を選んで、翌月の投資収益率をチェックするということを1984年からずっと続けた場合、得られる利益をグラフにしたものが図表1です。これがPBRの2割ポートフォリオの収益力です。グラフの目盛りは、単純に毎月の収益を足していった合計です。

　同様に、PERでも算出しました。比べてみると、長期的には、PERよりPBRの方が収益が大きかったと言えます。

そして、もう一つ有効性を見る方法として、スプレッドポートフォリオというものも用いられます。先ほどの2割ポートフォリオは、魅力がある方からの2割の銘柄に、それぞれ同じ金額で投資するという方法です。

スプレッドポートフォリオは、魅力的な2割の銘柄に投資するということは同じですが、それと同時に、もっとも魅力が低い（あえて言うと売り方向に魅力が高い）銘柄から2割の銘柄にそれぞれ同じ金額で売りを行うという検証です。

【第2章】

短期投資で勝つ指標の使い方

01 景気局面ごとに最適な指標を使う

▼短期投資で勝つための3つの切り口

これから、1年以内の短期投資で有効な投資指標の使い方を解説します。

後の章で紹介する長期投資は、短期的にはうまくいかないときもありますが、平均的に見ると高い収益が得られる方法です。これに対して短期投資は、失敗しないように、足下の投資環境を積極的に銘柄選びに活かします。

「投資環境を考えるなんて当たり前じゃないか」と思う人もいるかもしれません。しかし、ここで紹介するのは、足下の投資環境に合わせた効果的な投資指標の活用法です。第1章でも触れていますが、1年間程度までの投資を考える場合、その時々で効果的な投資指標を選ぶ必要があります。

具体的には、3つの切り口で考えることをおすすめします。

① 景気はどうなっているか。

図表 2-1　景気サイクルと有効な投資指標の関係

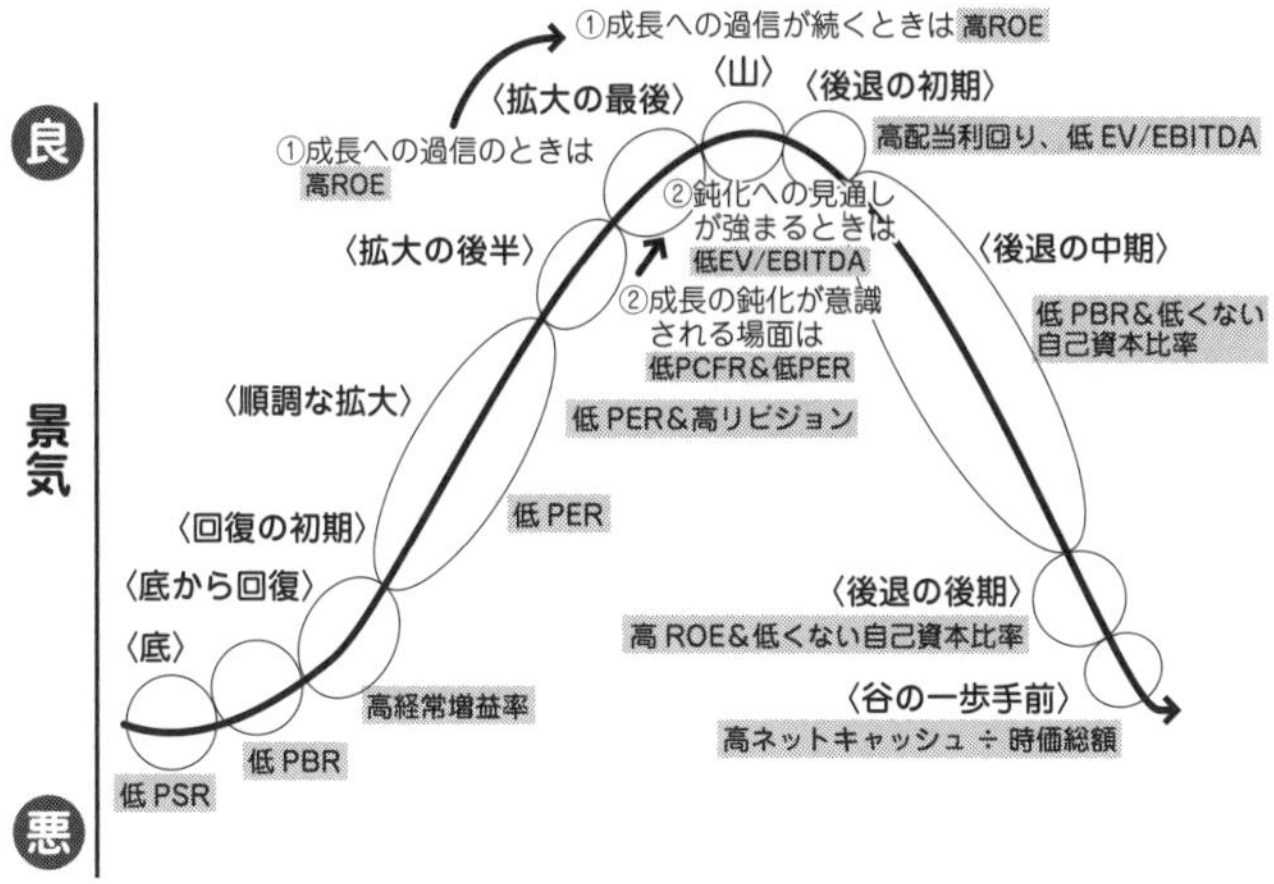

②　投資家心理はどうか。
③　今は何月か。

　これら3つの切り口で整理して、積極的な短期投資にのぞみましょう。

　株価に影響を与える要因は、為替相場、米国株や金利などさまざまなものがあります。しかし、いろいろなことを考えすぎても状況をとらえることが難しくなってしまうことや、金利や為替などは、そのときの経済環境によって指標に与える影響が異なることがあります。実務的には、本書で取り上げる3つの切り口で十分です。

　まずは、①の景気の局面に合わせた投資指標の活用法を解説していきます。その時々の景気の状況に合わせて、投資指標は使い分ける必要があります。

▼底——PSR

まず、景気が底から上昇する場面で使う投資指標を紹介しましょう。景気の底と言えば、2008年9月のリーマンショックを思い起こします。

2008年9月15日、アメリカの投資銀行、リーマン・ブラザーズが破綻しました。その影響で世界的な金融危機が発生し、深刻な不況に陥りました。リーマンショック後の景気の底は、内閣府の発表では2009年2月でした。当時は市場で景気の見方が総悲観となりましたが、このようなときがおおむね景気の底となるケースが多いのです。では、このとき、有効性が高い投資指標は何だったのでしょうか。

実は、PSR（株価売上高倍率）がとても有効に機能しました（PSRについては101ページ参照）。

なぜPSRが有効だったのでしょうか。代表的な投資指標の1つにPER（株価収益率）があります。しかし、この指標は、リーマンショックから景気の底までの場面でまったく機能しませんでした。なぜなら、リーマンショックで純利益予想が赤字でマイナス値になったり、黒字でもその水準が小さいためPERが異常に高くなったりしたからです。PER本来の意味である利益の回収年という実感に合わなくなってしまいました。

図表 2-2　景気の回復局面で有効な投資指標の使い方

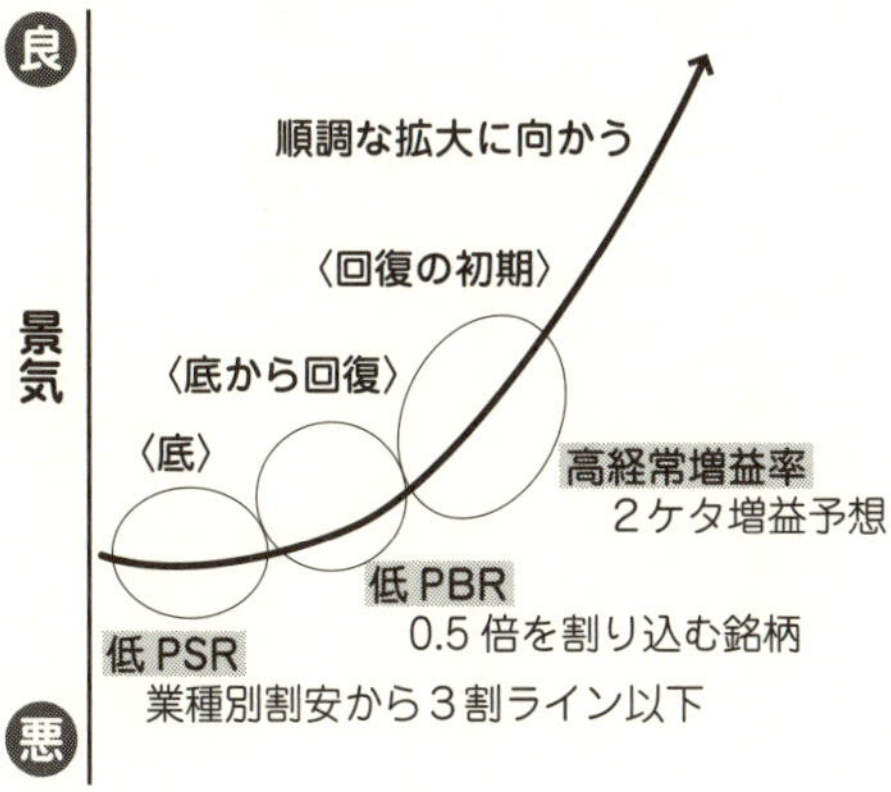

では、もう1つの代表的な指標、ＰＢＲ（株価純資産倍率）はどうだったでしょうか。実は、ＰＢＲはデフレに弱い指標です。なぜなら、デフレで資産の価値が下がっていきそうなときは、資産から負債を引いた純資産の価値も下がると見られるからです。ＰＢＲのベースとなる純資産額が下がるかもしれない、解散価値がもっと低いかもしれない、と考えられると、ＰＢＲの信頼性は下がってしまいます。

このように主要な投資指標が使いづらい状況のなかで、「時価総額÷売上高」で求めるＰＳＲは、分母の売上高がマイナスにならないことから、ＰＥＲのような欠点もありません。直観的なイメージですが、ほとんどの投資指標の有効性がきかない場面でこそ、ＰＳＲが有効です。

実際に銘柄を選ぶルールですが、業種内で、割安から3割ライン以下が、割安かどうかのメドとなります（業種別の３割ラインは１４５ページ参照）。この３割ラインを満たす銘柄、かつ東証1部企業で、流動性（売買のしやすさ）を考えて時価総額３００億円以上の銘柄のなかからＰＳＲの低い銘柄に注目しましょう。

▼底から回復へ —— ＰＢＲ

「景気の底を超えたのでは」と市場でやや期待が高まる場面で使う指標がＰＢＲです（ＰＢＲについては35ページ参照）。

ＰＢＲは、解散価値と比較して株価が割安という点をとらえる指標です。ＰＢＲは、後で詳しく述べるように、景気が後退する局面でも効果があります。

また、それとはまったく逆に、景気が底から回復する期待が高まるときに、とても高い効果を発揮します。景気が底に向かっていたときに、株価が大きく落ち込みＰＢＲが低かった（解散価値に比べて株価が大きく下回った）銘柄が、景気が底を超えそうなときに、落ち込んだ分を取り戻すように株価が上昇することがあるからです。

こうした局面はおおむね２カ月から３カ月で一巡してしまうので、短期的な戦略であることに注意が必要です。しかし、この2、3カ月で株価が倍にもなる銘柄も少なくなく、収益率がとても大きいことに注目です。

実際に銘柄を選ぶ方法ですが、こうした場面では、ＰＢＲが特に低い銘柄の株価上昇率が大きくなります。ですので、可能であれば、東証１部企業のうち、流動性を考えて時価総額３００億円以上の銘柄のなかで、もっともＰＢＲが低い銘柄からランキングして選別し、投資する方法などが効果的です。

こうした全体的なスクリーニングをすることが難しい人は、時価総額が３００億円以上、かつ、たとえばＰＢＲが０・５倍を割り込んでいる銘柄を探します。解散価値の半分までしか市場で評価されていなかった銘柄は、景気が底から回復する低ＰＢＲ銘柄が上昇する局面で、とりわけ上昇率が大きくなるケースが多くあります。

▼回復の初期 ―― 経常増益率

ＰＢＲの有効性が一巡するころには、景気回復への確信が高まってきます。こうした場面では、経常増益率を使った投資戦略が効果的です（経常増益率については１１４ページ参照）。

シンプルに2ケタ増益予想（10％以上の増益）など業績パフォーマンスが期待される銘

柄を探します。

こうした場面では、ＰＥＲやＰＢＲなどの割安性（バリュー）指標はあまり効果的ではありません。なぜなら、景気の底からの反転に移る局面で、将来の利益の成長が期待できるため、投資家は業績モメンタム（方向性）への意識（というか期待）がとても大きくなるからです。

ＰＥＲやＰＢＲから見て割安ではない（どちらかと言えば割高）であっても、業績の伸び率が高いということが重視されます。

こうした期間も、おおむね２～３カ月間続きます。

▶順調な拡大局面 ―― PER

景気が順調に拡大する局面に入ってくると、シンプルにＰＥＲが効果的な投資指標となります（ＰＥＲについては63ページ参照）。

ＰＥＲの有効性を保つために重要な要因が３つあります。

① 業績予想の信頼性
② 銘柄間のＰＥＲの格差
③ 利益の平均回帰性

図表2-3　PERと業績予想の関係

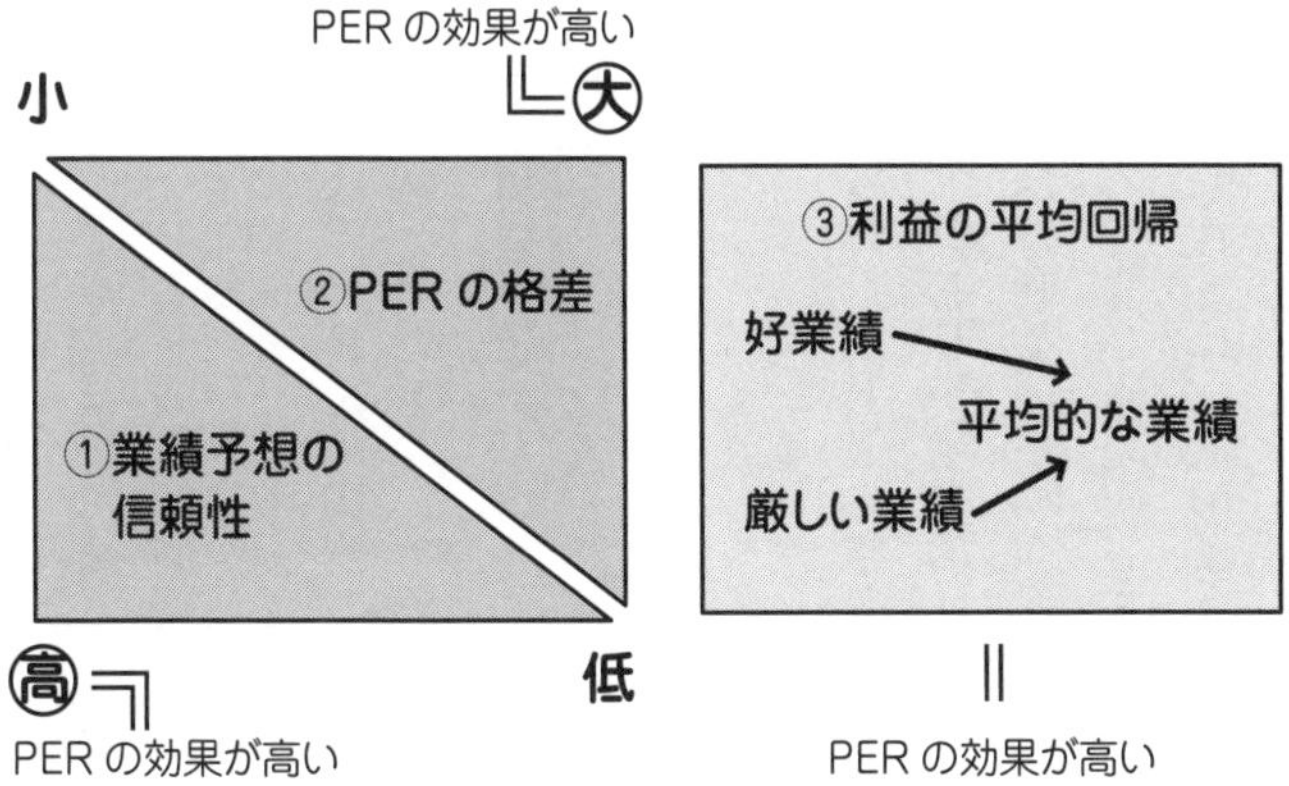

以下、説明していきます。

まず、①業績予想の信頼性です。景気が順調に拡大する局面では、業績予想の方向性について、足下の動向が持続するとシンプルに見ることができるケースが多くなります。業績予想は当然難しいのですが、景気が山から谷に落ちる、あるいは谷から山に転換する場面に比べると、景気が順調に拡大する局面では、単純に将来の業績が足元の延長性にあると期待されるため業績予想がしやすくなるのです。

業績予想の信頼性が高まるということは、「株価÷1株当たり予想純利益」で求められるPERの分母の値がより正確になるわけですから、PERの確度が高まります。

PERは、株主の投資金額の回収期間を

見るものでした。ＰＥＲの信頼性が高まるということは、この回収期間の確からしさが上がり、有効性が高まることにつながるのです。

次に、②ＰＥＲの銘柄間格差です。銘柄間格差が大きいほど、ＰＥＲの有効性は高くなります。これは①とも関連します。

たとえば、ＰＥＲが10倍の輸出型企業と11倍の内需型企業を考えてみましょう。ＰＥＲの差は「１」ですね。このようにあまり差がない場合だと、為替が円高になったら、輸出型企業の利益予想が下がってしまい、内需型企業よりも割高になってしまうかもしれません。

しかし、ＰＥＲの差が大きければどうでしょうか。たとえば、10倍の輸出型企業と20倍の内需型企業があったとしたら、ＰＥＲの逆転は難しくなります。

このように、ＰＥＲの格差がそれぞれの会社間で開いていると、利益予想への信頼性が弱くても、ＰＥＲが効果的に使えます。

３つめは、利益の平均回帰性です。これは、１９６ページの中期投資のバリュートラップのところで詳しく説明しますが、ここでも簡単に説明しましょう。

平均回帰性とは、次のようなことです。多くの会社は、あるとき業績が厳しくなったとしても、景気が循環すれば、業績は元の方向性に戻りやすいのです。たとえば、景気が悪

図表2-4　バリュートラップのしくみ

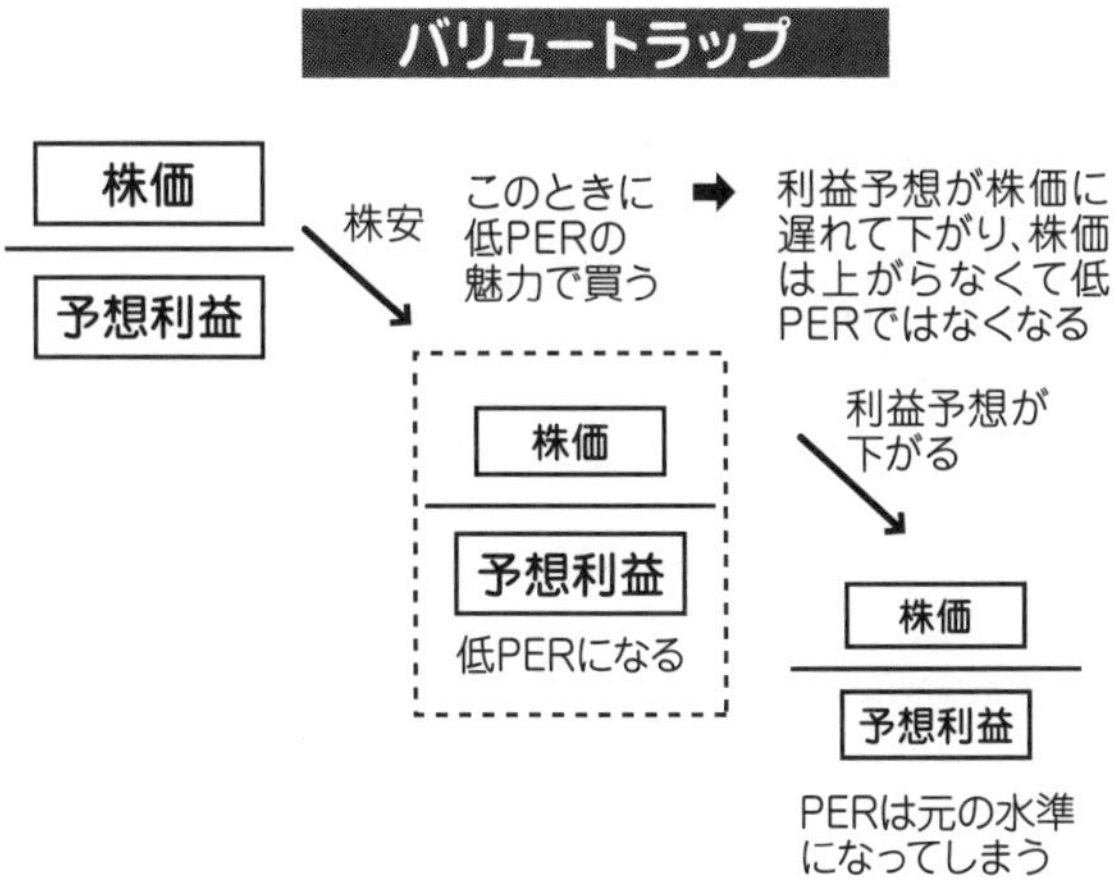

くなって住宅が売れなくなっても、景気が回復するとまた売れるようになります。

運用のプロの間では、「バリュートラップ（わな）」に注意しろということが言われます。低ＰＥＲの割安株と思って買ったら、その後、株価が上がるのではなく、利益の予想値が下がってしまい、低ＰＥＲではなくなってしまうケースがあります。

しかし、利益の平均回帰性があれば、業績が再び回復することで、バリュートラップに引っかからずにすみます。

景気が順調に拡大している局面では、これら①～③の条件が整います。したがって、ＰＥＲが有効な投資指標となるのです。

ここまでＰＥＲの有効性が高まる３つの要件を説明しました。景気が回復していく

図表 2-5　景気の拡大局面で有効な投資指標の使い方

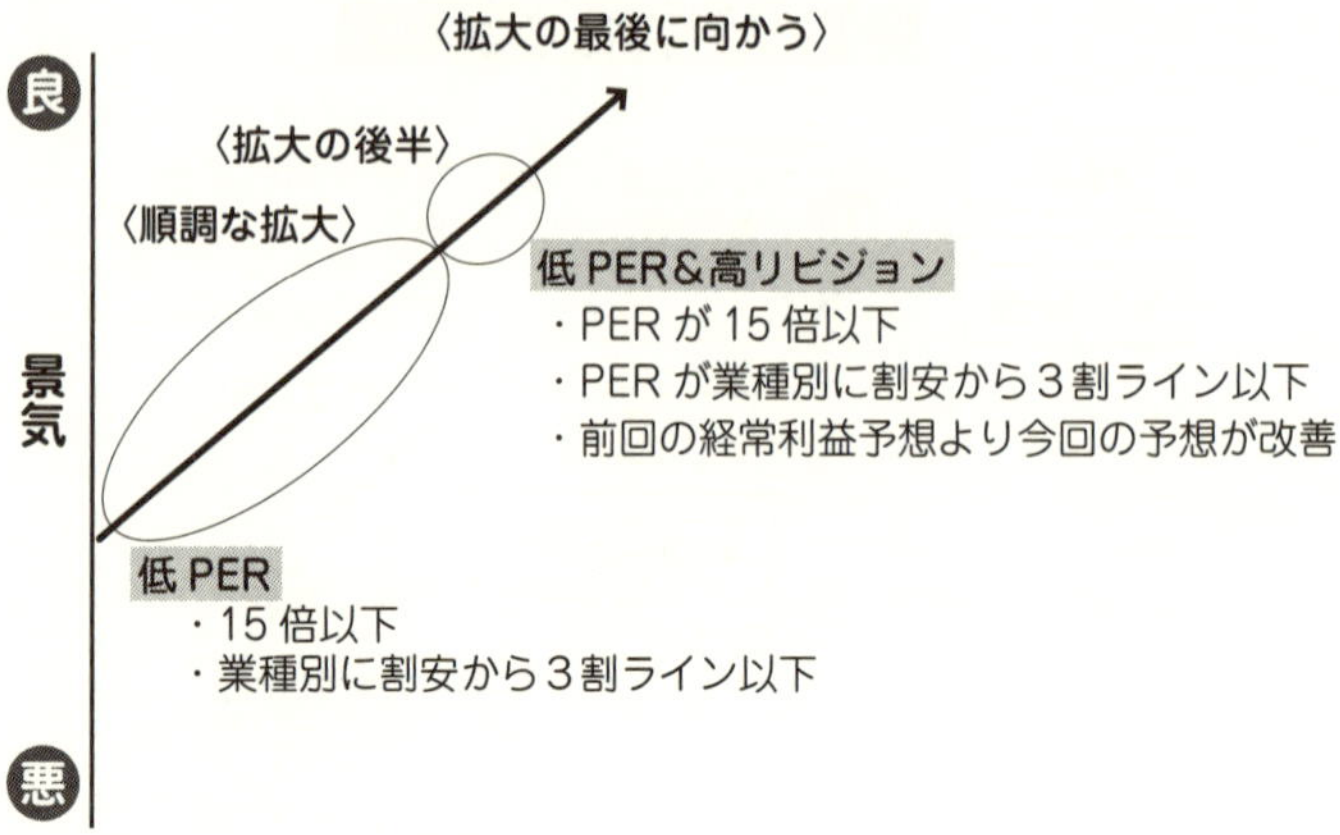

場面、特に景気拡大局面の前半となる景気回復から1年程度は、PERの有効性が高まります。なぜなら、これらの3つの要件がすべて整う場面だからです。①業績予想の信頼性が高まり、②銘柄間のPERの格差が高くなり、そして、③利益の平均回帰性も高まるのです。

したがって、景気が回復するという印象が強まってから、1年間くらいはPER投資が効果的です。

実際に銘柄を選ぶ方法ですが、73ページのPERの項で説明したように、まず、「60%＜純利益／経常利益＜70%（0・6と0・7の間）」なら、純利益でそのままPERとして計算します。この範囲から離れたら、「経常利益×0・65」を純利益とするという純利益チェックをします。その後、PERが15倍以下、かつ業種内で割安から3割ライン以下（業種別の3割ラインの数値は145ページ参照）を満たす銘柄のうち、流動性を考えて時価総額300億円以上の銘柄のなかからPERの低い銘柄に注目していきましょう。

▼拡大の後半――PER＋リビジョン

「企業業績全体の水準は高いが、伸び率が鈍化してきた」などと言われるようになると、景気の拡大局面の後半と見られます。こうした場面では、PERの有効性の3条件が崩れてきます。

具体的には、②の銘柄間の格差がなくなってきます。これは、③の利益の平均回帰性で、利益予想が厳しかった会社が回復して全体的に利益成長の程度が近づいていくためです。このため、1株当たり利益（EPS）の差が小さくなっていきます。

こうした局面ではPERの効果が低下するので、低PERでリビジョン（業績予想の修正がプラス）という銘柄に絞り込む必要があります（リビジョンについては123ページ参照）。

PERとリビジョンを合わせた銘柄選別の方法をおさらいすると、次のようになります。

PERでの銘柄選別は次の①〜③です。

①60%＜純利益／経常利益＜70%（0・6と0・7の間）なら、純利益でそのままPERを計算。この範囲から離れたら、「経常利益×0・65」を純利益とする。

②PERが15倍以下

③PERが業種別の水準で低い方から3割以下（業種別のデータは145ページ参照）

これに、④リビジョンの要件を追加します。経常利益の前回予想、たとえば、「日経会社情報」で取り上げられている前号の予想値よりも今号の予想値が改善しているなどです。以上の4項目で銘柄を選びましょう。

市場の流動性を考えて、時価総額300億円以上の銘柄、かつ4つの要件を満たした低PERの銘柄に注目します。

▼拡大の最後 —— ROE、PCFR

景気拡大の最後の局面は、大きく分けて2つの種類があります。①たとえば1999年末までのITバブルの時期など、景気拡大が永遠に続きそうと投資家が過信をしてしまうとき、②徐々に景気が鈍化するとき、です。

実は、①と②のパターンの種類では、指標の使い方が異なるため注意が必要です。①の場面では、ROE（自己資本利益率）が効果的になる傾向があります（ROEについては133ページ参照）。景気拡大がずっと続くような見られ方が市場で強まるときは、利益が平均回帰することも考えられなくなり、大きな利益が出ている銘柄でも、そのまま持続的に業績が拡大すると期待されるためです。

このような成長への過信が強まるときは、割高な銘柄でも成長期待で買われるので、PERやPBRはあまり使えません。

こうした場面で銘柄選別をするときには、第1章のROEの項で説明しましたが、①ROEが8％以上、②ROEが業種の上から3割以上の銘柄のなかで、市場の流動性を考えて時価総額300億円以上、かつROEが高い銘柄が注目されます。

一方、②の局面は、PCFR（株価キャッシュフロー倍率）が効果的です（PCFRについては79ページ参照）。業績の水準は高いものの、前年と比べた伸びなどの業績モメンタムが鈍化するため、利益よりも保守的なデータを投資尺度にしようという姿勢が見られるからです。

第1章のPCFRの項で説明したように、PCFRはPERと合わせて使うと効果的です。具体的には、次のように銘柄を選別します。まず、PERでスクリーニングをします。

① 60％＜純利益／経常利益＜70％（0・6と0・7の間）なら、純利益でそのままPER

図表 2-6　景気拡大の最後と山で有効な投資指標の使い方

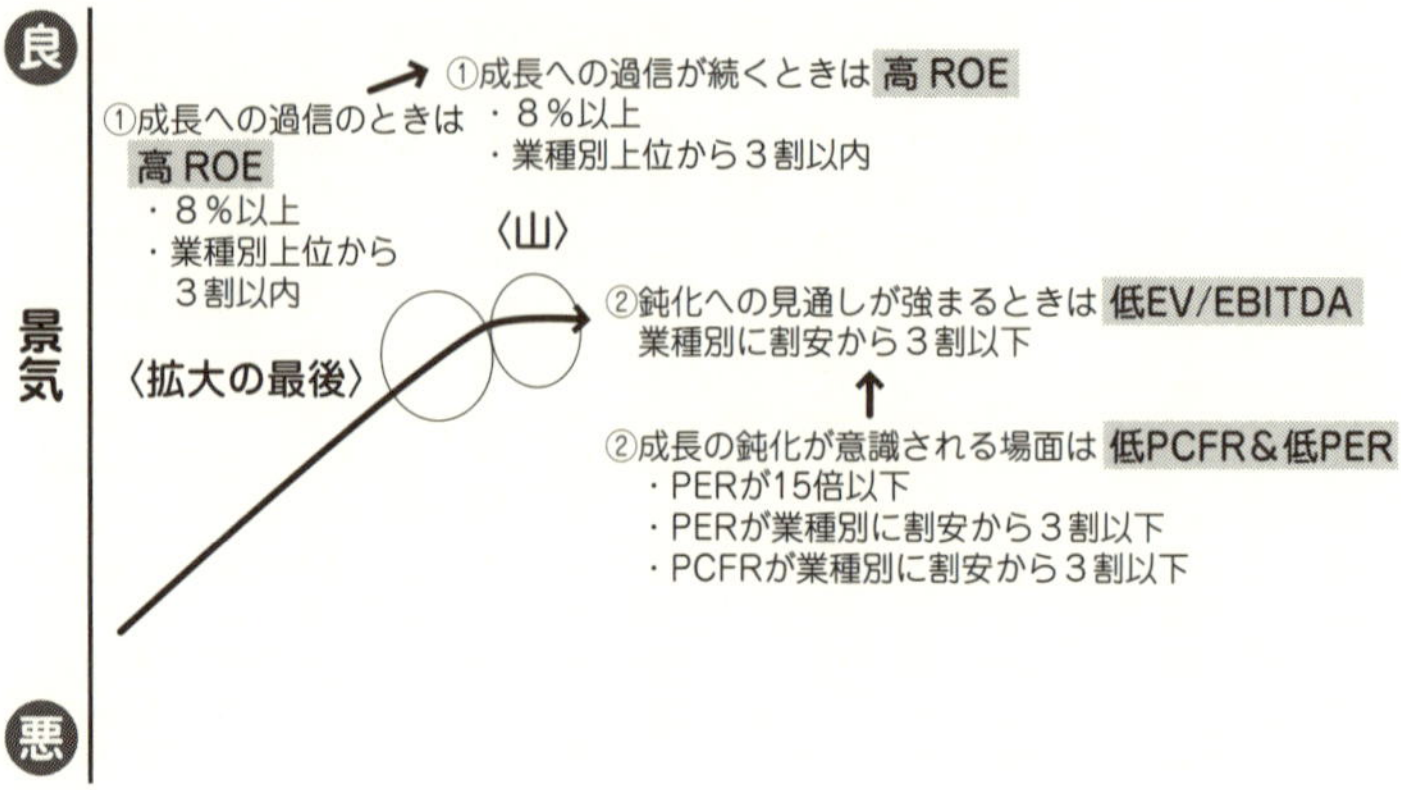

を計算。この範囲から離れたら、「経常利益×０・65」を純利益とする。

②ＰＥＲが15倍以下

③ＰＥＲが業種別の水準で割安から３割以下（業種別の３割ラインの数値は１４５ページ参照）

これに、④ＰＣＦＲの要件を追加します。ＰＣＦＲが業種別の水準で低い方から３割以下（業種別の３割ラインの数値は１４５ページ参照）の銘柄を選びましょう。

　市場の流動性を考えて、時価総額の３００億円以上のなかで、以上の４つの要件を満たした低ＰＣＦＲの銘柄に注目します。

▼景気の山——ROE、EV／EBITDA

景気の山でも、次の①と②では、使う投資指標が異なります。①たとえば、１９９９年末までのＩＴバブルの時期など、投資家が、景気回復が永遠に続きそうと過信してしまうとき、②徐々に景気が鈍化するとき、です。

①の局面では、ＲＯＥがそのまま使えます。なぜなら、景気拡大のピークになっていても、投資家にはその実感がないケースが多いからです。この場合には、前項で説明したＲＯＥによる銘柄選別と同じ方法を使います。

一方、②の場面は、ＥＶ／ＥＢＩＴＤＡが効果的となります（ＥＶ／ＥＢＩＴＤＡについては95ページ参照）。ＥＶ／ＥＢＩＴＤＡは、ＰＣＦＲよりも会社の収益を保守的に見ようという投資指標です。なぜなら、ＥＶ（「有利子負債＋時価総額−現金・現金同等物」）で負債部分も計算に含むことで、負債が多く財務安定性が厳しい会社はマイナス評価になるからです。さらに、ＥＢＩＴＤＡ（「予想営業利益＋予想減価償却費」）は本業から生まれるキャッシュフロー（ＣＦ）です。

景気拡大の最後の局面では、先に述べたようにＰＣＦＲが注目される指標でした。景気の山では、さらに保守的なＥＶ／ＥＢＩＴＤＡが注目される指標となります。

ＰＣＦＲに使ったＣＦは「予想純利益＋予想減価償却費」でした。これに対して、ＥＢＩＴＤＡは「予想営業利益＋予想減価償却費」ですから、会社の本業で得られるＣＦを表します。本業に絞ったキャッシュベースの収益を見るため、保守性が高い指標です。景気がピークにあるため、会社の収益を見るうえで、より保守的な尺度を用いる必要があるのです。

銘柄の選別は、それぞれ業種の低い方から3割以下という条件で行います（業種別の３割ラインは１４５ページ参照）。条件に合った銘柄のうち、市場の流動性を考えて、時価総額３００億円以上のなかで、低ＥＶ／ＥＢＩＴＤＡの銘柄に注目します。

▼後退の初期――配当利回り、ＥＶ／ＥＢＩＴＤＡ

景気が山を越えて後退する初期では、配当利回りの有効性が特に高い状況になります（配当利回りについては46ページ参照）。前項で紹介したＥＶ／ＥＢＩＴＤＡの効果も持続するので、これら2つの指標で銘柄選別をするのが適切な局面です。

ＰＥＲやＰＣＦＲを使い、1株当たり利益や、1株当たりＣＦと株価を比較して割安と見ても、実際に投資家がキャッシュをもらえる保証はありません。これに対して、配当利回りは、配当金というキャッシュを投資家が受け取ることを測る指標です。投資家にとっては、とても保守的です。

第１章でも説明した、配当利回りによる銘柄選別の方法を振り返ってみましょう。

配当利回りでの銘柄選別は、①配当が下がりづらいかと、②株価が下がりづらいかの２つの面でチェックする必要があります。

①のチェックについては、予想経常増益率がプラス、あるいは売上高営業利益率が２・５％以上のうち、どちらかがクリアされれば良いでしょう。また、②のチェックは、「日経会社情報」の配当予想が会社予想よりも小さくないことと、ＱＵＩＣＫコンセンサスの配当予想が「日経会社情報」の予想より低くないことという２つの条件がともにクリアされる必要があります。

これらの条件に合う銘柄のうち、市場の流動性を考えて、時価総額３００億円以上のなかで高配当利回りの銘柄に注目します。

また、ランキングが見られない場合は、たとえば配当利回りが２％以上の銘柄など、高配当利回りとされる銘柄に注目するのも良いでしょう。

▼後退の中期 —— ＰＢＲ、自己資本比率

景気や、多くの企業業績の伸びが５％を下回る数値からマイナスになってくると、景気

後退の中期に差しかかったと見られます。また、業績予想の下方修正が増える時期でもあります。

こうした場面は、利益を使った指標ではなく、資産をベースとするＰＢＲの効果が高まります。ＰＥＲの有効性の３つの条件で説明しましたが、利益予想の信頼性が低下するからです。景気が後退すると、全体的に企業業績の先行きが厳しくなります。このため、足元の状況を踏まえて会社が利益予想を出しても、下方修正されるリスクが高まります。利益予想が減少すれば、ＰＥＲは高くなってしまいます。

これに対して、純資産は予想ではなく実績であるため、足元の経済環境に基本的には大きく左右されません。こうしたなかでは、利益予想を使うＰＥＲよりも、実績を使う保守的なＰＢＲの有効性が高まるのです。

ただし、ＰＢＲは、景気後退が進みすぎると、有効性がなくなっていく指標です。「純資産は足元の経済環境に大きく左右されない」とは言っても、深刻な不況になるとどうでしょうか。

会社が保有する土地や建物などの評価額は、大きく値下がりします。このため、こうした時価の値下がりが懸念される資産額から、借り入れなどの負債を引いた残りの部分となる純資産を使ったＰＢＲの評価が下がるのです。したがって、景気後退局面の低ＰＢＲ投

図表2-7　低PBR株の効果が高い2つの場面

① 景気の底から回復

低PBRになるまで大きく売り込まれた銘柄のリバウンド
⟶とにかくPBRが低い銘柄が注目される

② 景気の後退の中期

PBRの算出のベースとなる純資産（自己資本）が評価
⟶財務安全性のチェックも必要

資は、後退が深刻化する景気後退後期の手前までにするのが良いでしょう。

　では、そのタイミングはどのように判断すれば良いでしょうか。たとえば、リーマンショックは２００８年９月に起こりましたが、その前の景気の山は内閣府が発表する景気基準日付によると、２００８年２月となっています。したがって、この２月の山から、８月のリーマンショックを経た後の２００９年３月の景気の谷までが後退局面でした。

　当時を振り返ると、景気後退後期は、リーマンショック発生後と見られます。景気後退の中期は、景気に減速感はありますが、意外に深刻感が見られません。市場では、「足元の景気は弱い。だが、根拠は乏しいものの、来年はリバウンドして景気は改善するのではないか」とい

図表2-8　景気の後退局面で有効な投資指標の使い方

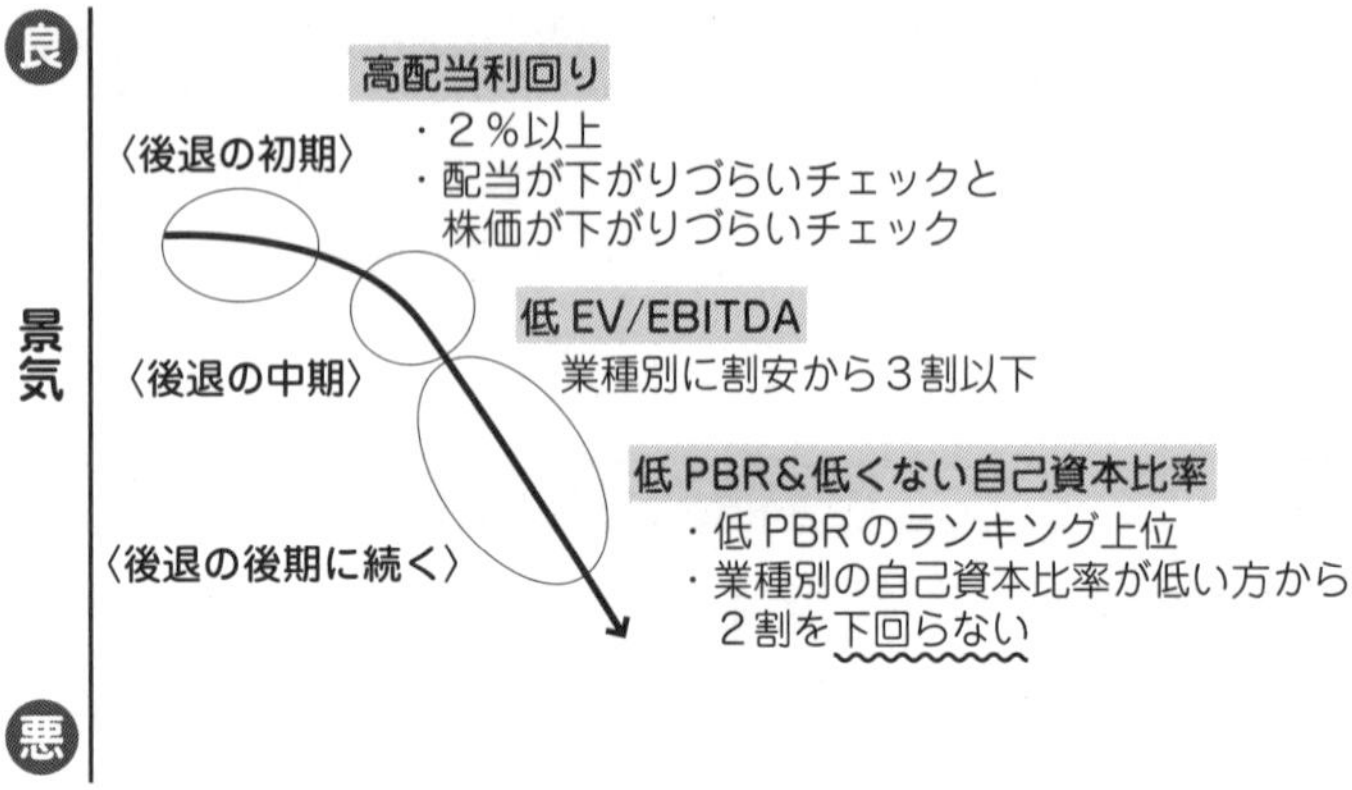

う妙な楽観論があったりします。

　具体的にＰＢＲを使って銘柄を選ぶ方法は、景気が底から回復へ向かうときと基本的には同じですが（１５６ページ参照）、安全性も重視して自己資本比率も用いましょう（自己資本比率については56ページ参照）。

　自己資本比率が業種内で低い方から2割未満の銘柄を除いたうえで（業種別の2割ラインについては60ページ参照）、東証１部企業、かつ流動性を考えて時価総額３００億円以上の銘柄のうち、もっともＰＢＲが低い銘柄から選別して投資する方法が効果的です。

▼後退の後期――ROE、自己資本比率

　景気の回復の方向性が見えてこない状況は景気後退の後期に見られます。ただ、景気後退は１年

程度などの期間があったりするため、市場のなかでは、景気後退は景気サイクルのなかで仕方ないという割り切りがある状況です。まだ、それまでの景気拡大で恩恵を受けた会社などに余裕がある印象があります。

このような景気後退の後期は、ＲＯＥが効果的です。ＲＯＥは、景気拡大の最後のときに効果があると説明しました。しかし、景気後退の後期でも有効性を発揮するのです。

ＲＯＥが高いということは、シンプルに言えば、利益が出ていることを示します。株主の投下した資本に対して利益水準が高い会社というのは、景気が後退する不況下でも、堅実にがんばっている会社として注目が集まります。

景気後退の後期は、投資家の心理（センチメント）が厳しくなる局面です。したがって、「割安か割高か」「企業価値はいくらか」といった合理的な企業価値を測る指標への信頼性が低下します。そして、基本的には、ＲＯＥが高い堅実な会社に目が向けられるのです。

具体的な銘柄選別方法は、第1章のＲＯＥのところで説明しましたが、それに加えて、安全性を重視して自己資本比率も用いましょう。

①ＲＯＥが８％以上、②ＲＯＥが業種の上から３割以上、③自己資本比率が業種内で低い方から２割を下回る銘柄を除いたうえで（業種別の２割ラインについては60ページ参照）、④市場の流動性を考えて、時価総額３００億円以上のなかで、ＲＯＥが高い銘柄が

注目されます。

▼景気の谷の一歩手前――「ネットキャッシュ÷時価総額」

景気の谷の一歩手前では、「ネットキャッシュ÷時価総額」が効果的です（「ネットキャッシュ÷時価総額」については109ページ参照）。とにかく、会社の解散価値が重要になるのです。経営環境が厳しくなるため、会社が解散しても価値があるということが、投資判断のよりどころとなります。

リーマンショックが2008年9月に発生した後、景気の底となった2009年2月までの間、景気は急激に後退しました。このとき、2008年12月から2009年1月の間で、「ネットキャッシュ÷時価総額」の有効性が特に高くなりました。

ただし、注意すべき点があります。リーマンショックの後、相場が底を打ち反発したのは、2009年3月10日に日経平均株価が7054円の最安値を付けたときです。この後、「ネットキャッシュ÷時価総額」の高い銘柄は相対的に取り残されてしまいました。投資環境が一変すると、このような超保守的な指標の有効性は低下するのです。

相場の反転時期を探るのはとても難しいことです。ただし、政策的な対応がきっかけとなるケースがあります。たとえば、2012年の厳しい相場からの反転は、同年11月に、

図表 2-9　景気が底へ向かう局面で有効な投資指標の使い方

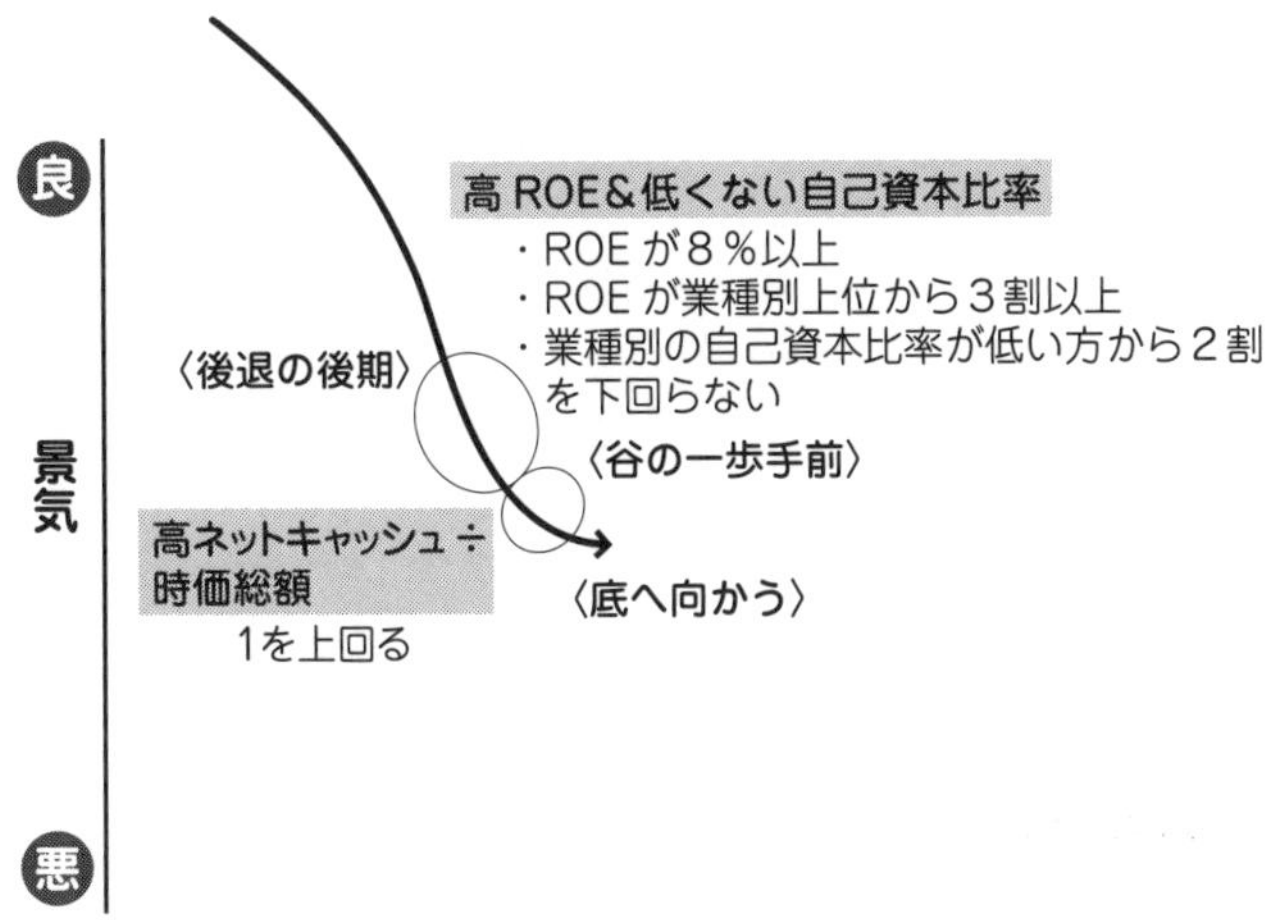

当時の野田佳彦首相が衆議院解散について発言し、政権交代への期待が高まったことがきっかけになりました。

このようなイベントを事前に察知することは通常は不可能です。そして、このような相場や景気の反転時には、前述したように低ＰＢＲ銘柄のパフォーマンスが良くなります。

このような局面で、相場全体の上昇にすぐに追随するのは難しいかもしれませんが、株価が下落するリスクも低くなります。したがって、このようなイベントが起きた後に、投資する銘柄を見直すぐらいで良いでしょう。

転機となるイベントが起こるまでは、「ネットキャッシュ÷時価総額」が1を上回る銘柄を探して投資しましょう。

▼景気が厳しい場面の打開策

景気が後退する場面では、株式市場全体が軟調になるケースが少なくありません。こうした場面では、相場の変動に引きずられて下がる銘柄が多く出ます。そのようなときに、そもそも株式投資をする必要があるのか、と疑問に思う人もいるでしょう。

しかし、たとえば、前項の景気の谷の一歩手前では、「ネットキャッシュ÷時価総額」が1を上回る銘柄を選別すると説明しました。会社の資産がキャッシュのみと考えた場合、時価総額が解散価値を下回るという銘柄はまれにしか見られません。ここまで売り込まれた銘柄は割安感が高く、投資の魅力が大きいと判断できます。

また、景気後退後期はROEに注目しましたが、自己資本比率の低い銘柄は除きます。こうした銘柄は株主価値が高く、景気後退後期でも利益を出しているという希少性から、相場が軟調でも逆行高が期待されます。

景気後退中期で説明した低PBR銘柄の選定方法は、解散価値を下回る銘柄として相場の下げに逆らうことが期待できるという観点、景気後退初期の高配当利回り銘柄の選定方法は、株価が下げにくく、将来の減配可能性が小さいという観点で条件を付けています。

いずれも下げ相場になる可能性が高いなかでも、期待できる戦略となります。

景気局面をどう判断するか

このように、これまで景気の局面ごとにどのように投資指標を使い分けるか、を説明してきました。しかし、疑問を持った人もいるかもしれません。「そもそも景気局面はどのように判断したらよいのか」ということです。

足元の景気局面の判断は難しいものです。しかし、景気の遠い将来を予想するのではなく、足元の景気がどうなっているかを純粋に考えることはできます。確かに、足元の経済環境を考えるには、どうしても将来の予想が必要になりますが、１年先がどうなるかといった予想ではなく、シンプルに足元の景気状況の方向性を考えましょう。

まず、先にも触れましたが、最近の景気の底と言えば、２００８年９月のリーマンショックの後、内閣府の発表では２００９年２月です。当時は、市場が、景気の先行きに対して総悲観的な見方になりました。このような局面が景気の底となります。

一方、景気の山はどうでしょうか。景気の山の判断も難しいのですが、２つのパターンを考えます。

１つは、１９９９年のＩＴバブル期のように、とにかく市場が景気に対して強気一色に

図表 2-10　景気動向指数による景気の山と谷

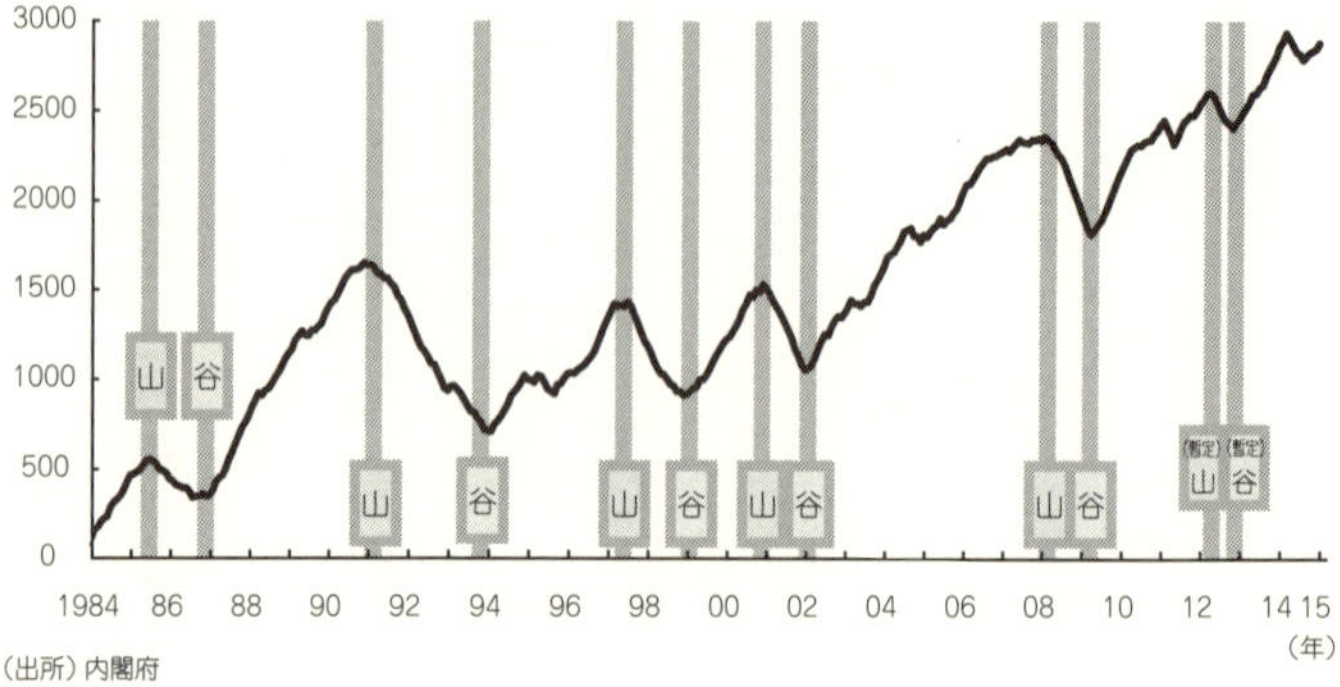

（出所）内閣府

なるときです。景気の気がかりな材料についてあまり言われなくなったりすると、そこがピークとなるケースが少なくありません。景気の底で表れる総悲観とはまったく反対のパターンです。

もう1つの山のパターンは、景気や企業業績全体の鈍化が強く指摘されるときです。企業業績全体の水準は高いけれども伸びは鈍化してきた、という話が出てきたら、景気拡大の後期になります。そのような話が出てから1年程度で、景気の山を迎えるケースが多いようです。

まずは、内閣府が発表する景気動向指数や景気基準日付を見てみましょう（http://www.esri.cao.go.jp/jp/stat/di/140530hiduke.html）。そして、足元の状況が、過去からの景気サイクルでどのようなところに位置しているのかを確認します。

ただし、内閣府の景気の山と谷の公表は、暫定の山と谷の設定でさえも1年以上も遅れたりします。そこで、景気動向指数を見ながら、山と谷を想定していきます。

また、景気の踊り場では、景気の山に近い投資指標の有効性のパターンが見られます。踊り場に向かう場面での投資指標の効果は、景気の山に向かう場面と同様の傾向になりますし、踊り場から上昇する場面では、景気の底からの拡大と同じような投資指標の効果が見られます。

02 投資家心理を読む投資戦略

▼強気と弱気で動く相場

短期投資で注目する２つ目の切り口、投資家心理について説明します。投資家心理に関しては、超強気のときと超弱気のときの２パターンを頭に入れておくとよいでしょう。

超強気のときと言えば、２０１２年11月のアベノミクス相場のスタート時です。当時の野田佳彦首相の衆議院解散発言をきっかけに相場が急騰しました。

このように投資家心理が急激に良くなった場面では、基本的にどのような銘柄も上昇しますが、さらに収益を高めるためには低ＰＢＲ投資が効果的です。特に、それまで株価が大きく落ち込んでＰＢＲが低くなった銘柄ほどリバウンドが大きくなります。

反対に、大きな悪材料が出ると、投資家心理が悪化して、リスクを取らないリスクオフ（極端にリスク資産を嫌う）の状態になります。

たとえば、２０１３年５月22日、アメリカで当時のＦＲＢ（連邦準備制度理事会）議長

図表 2-11　投資家心理と投資指標

超強気　**純資産に比べて売り込まれた銘柄のリバウンド**

低PBR株投資

0.8倍未満に注目

超弱気　**キャッシュの保守性**

高ネットキャッシュ ÷ 時価総額

1より高い銘柄に注目

のバーナンキ氏が、ＱＥ３（量的金融緩和の第３弾）の縮小に言及したことをきっかけに日本株が下落しました。それまでのＱＥ１やＱＥ２の終了後はいずれも相場が下落したこともあり、ＱＥ３縮小に関する報道は投資家心理を厳しくさせる要因となりました。

前年の11月に始まったアベノミクス相場でリスクオン（積極的にリスク資産に投資する）の状態だった状況から一転したことで、相場の調整が大きくなりました。こうしたリスクオフへの転換で、日経平均は２０１３年５月23日の１万５６２７円の高値から一転して調整し、同年６月13日の１万２４４５円まで20％下落しました。その後、この５月の高値を再び上回るには、同年11月28日の１万５７２７円まで、５カ月以上の月日が必要となりました。

リスクオフの状態になるケースは、大きく分けて

２つあります。１つは、長期的に投資家に重くのしかかってくるものです。たとえば、２０１２年の欧州債務問題が深刻化した場面です。こうした場面では、ＲＯＥの有効性が高まりました。株主の投下資本に対して利益が出ている銘柄が安心して買われたのです。

しかし、リーマンショックのように、先が見えない経済危機が深刻化した場面では、先に触れたように、キャッシュの保守性が重視され、「ネットキャッシュ÷時価総額」が効果的となりました。

株価の下落が大きかった銘柄が、その後、ほかの銘柄に比べてリバウンドが大きくなる現象をリターンリバーサルと言います。

市場で株価が動く材料が出たとき、株価が行きすぎた反応を見せることがあります。たとえば、小売業は月次で売上高が公表される会社が少なくありません。衣料品の販売が主力の会社があったとします。事前に売り上げが好調と予測されていたのに、ふたを開けてみたら、売り上げが不振だったとしたらどうでしょうか。投資家は失望し、株は売られてしまいます。事前の予想が良かっただけに、株価が大きく下がるかもしれません。

こうしたショックの後、市場が冷静になったところで、行きすぎた下げに対するリバウンドが起きます。一般には、これを短期のリターンリバーサルと呼びます。リターンがリバースするという意味です。実は、これまでの日本は、こうしたリバーサルがとても強い市場でした。

これを利用したリターンリバーサル戦略はとてもシンプルです。たとえば、東証1部に上場している会社を対象に、過去1カ月間、下落が大きかった銘柄に投資するという手法です。ここでは、下落が大きかった方から2割の銘柄に投資するとします。

なお、リターンリバーサルは、過去下落が大きかった銘柄の将来の上昇だけでなく、反対に過去上昇が大きかった銘柄の将来の下落が大きいことも意味しています。リバースですから、下落と上昇の両方のケースがあるのです。

スプレッドポートフォリオで検証してみましょう。先ほどの下落が大きかった2割を買う（英語でロングと言います）ポートフォリオと、反対に、上昇が大きかった2割を売る（英語でショートと言います）ポートフォリオを同時に行います。１９９０年以降のデータを使用しました。

図表2－12は、スプレッドポートフォリオの毎月のリターンを累積したものです。グラフが上昇していると、リバーサル戦略のパフォーマンスが良いことを表しています。

図表中に見られるように、かつては、短期リバーサル戦略はとても効果的だったことがわかります。しかし、２００５年あたりから、リバーサルの効果は下がってしまいます。グラフは上がったり下がったりで横ばいになり、短期リバーサル戦略が厳しくなってきた

図表2-12　リターンリバーサル戦略の検証

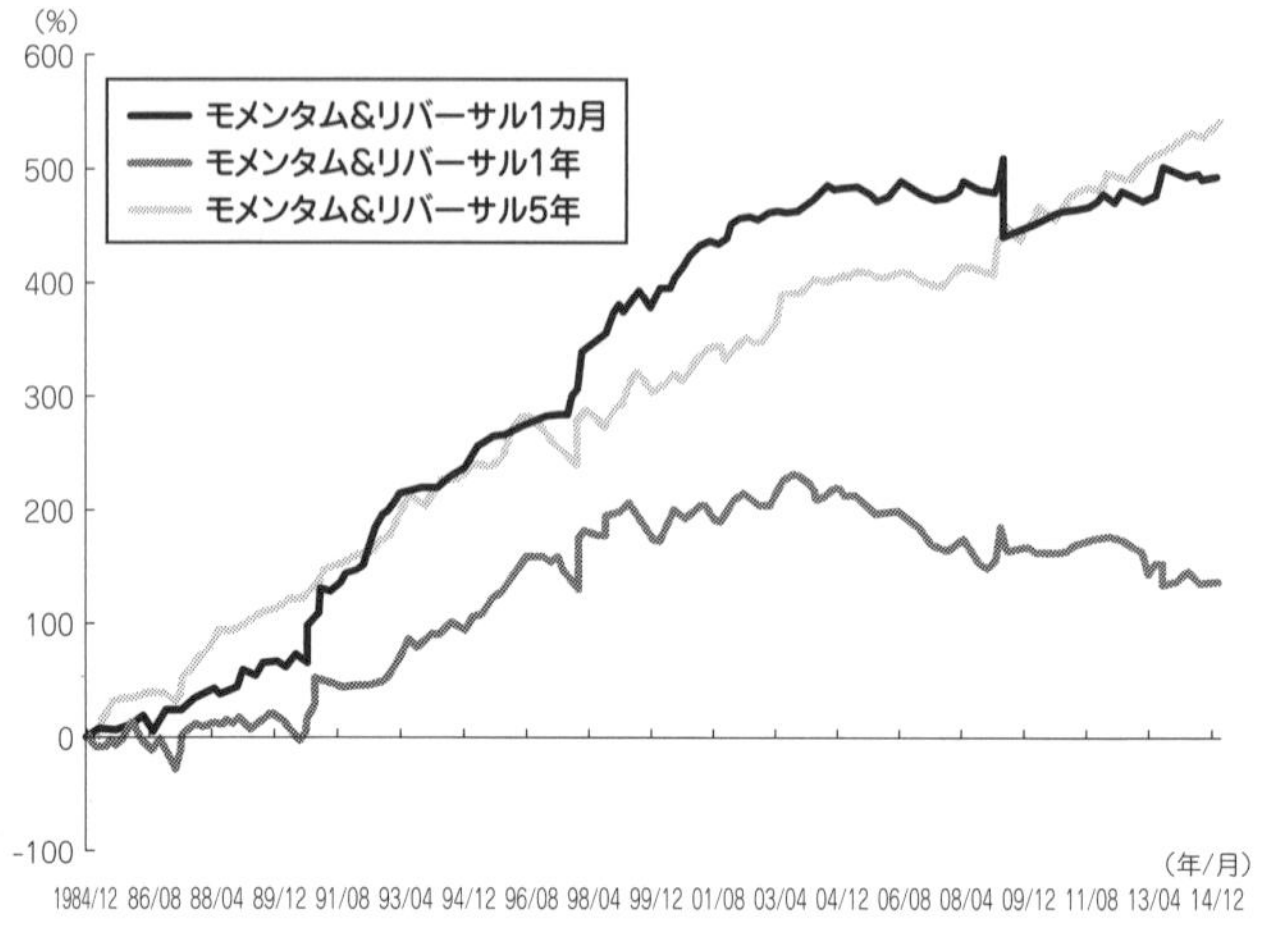

(出所) 大和証券資料より抜粋
(注) モメンタム & リバーサルのSP (累積) は右肩上がりがモメンタム、右肩下がりがリバーサルの効果が高いことを意味する

ことがわかります。

▼モメンタム——株価の方向性が持続する

ところで、図表2-12ではグラフを3本示しましたが、日本市場のリバーサルは、これまで短期リバーサル、中期リバーサル、長期リバーサルの3つの現象が報告されてきました。

短期リバーサルは、先ほど紹介したものです。投資家のオーバーリアクションが原因と言われます。

では、中期と長期のリバーサルとはどういうものなのでしょうか。

まず、長期リバーサルについて説明します。長期リバーサル戦略は、過去5年間の株価が下がった銘柄に投資するという方法です。実際に、スプレッドポートフォリオのリターンは上昇していますね。長期リバーサル戦略が効果的であることがわかります。

長期リバーサルは、短期リバーサルとは原因が異なり、業績の平均回帰性が原因です。160ページで説明しましたが、業績の悪かった会社でもいずれ復活し、反対に好業績の会社の業績もいずれ低下するという現象です。

株価が長期間、下がっている銘柄は、業績が厳しくなっていることが原因による場合が少なくありません。業績の悪化を株価が先行するイメージです。業績の平均回帰性から考えると、株価が平均回帰による業績のリバウンドを先取りしていることになります。

長期リバーサル戦略のパフォーマンスは、変動を見せていますが、長期的には収益が高い戦略です。

一方、中期リバーサル戦略は、過去1年間の株価の動きを対象としています。この戦略には注意が必要です。

日本では、図表2－12で示されるように、長期的にはリバーサルの傾向があります。これに対して、アメリカでは、1年間でリターンを求める戦略は、モメンタム投資が基本です。モメンタム投資とは、リバーサルとは反対に、それまで上昇が大きかった銘柄に投資する戦略です。

これまで、1年間でリターンを求める場合、日本ではリバーサル戦略の方が効果的と見られていました。一方、アメリカでは反対に、モメンタム投資が効果的とされています。アメリカでは、この理由について、行動ファイナンス（心理学にもとづいた投資行動の研究）で説明されることもありますが、筆者は、基本的には業績モメンタムのトレンドを株価が先行するものと見ています。増益企業に対して、株価が先行して上昇するというイメージです。しかし、日本の場合には、こうした増益を株価が先行する動きに対して、業績の平均回帰の動きが強すぎたため、モメンタムが打ち消される傾向が強かったと見ています。

しかし、近年では、こうした1年間のリバーサルの動きが弱まってきました。日本でも、アメリカのように、業績モメンタムに連動する現象が見られるようになるかもしれません。なお、先にも触れたように、リバーサルやモメンタムは、これまで紹介した投資指標とは観点が異なるものです。企業価値とはまったく関係がないので、安易な利用はおすすめしません。

03 季節性で株価が動く

次に、短期投資で注目すべき3つめが季節性です。季節性とは、1年のうちのある時期に、決まった投資指標が効果的となることです。

なんだか根拠もなさそうなものに頼りたくないと思うかもしれません。しかし、きちんと理由があるものもあります。代表的な例をあげると、2月から3月下旬にかけて配当利回りの高い銘柄の株価が上昇する傾向があります。これは、日本企業の多くを占める3月期決算会社の期末配当を受け取るためには、3月末までに株を買って株主になる必要があるためです。

なお、厳密には3月の最終営業日に株主の権利を持つためには、3営業日前（権利付き最終売買日）までに買っておかなければなりません。そして、高配当利回り銘柄が上昇する季節性を狙って、事前に高配当利回り銘柄に投資する投資家の動きもあるため、実際には月末立会日から5営業日前程度までで、高配当利回り銘柄の上昇が終わるという特性があります。

同様に、9月末に向けた配当取りの動きも見られます。9月下旬にかけて、3月期決算会社の上期の配当取り狙いと、その季節性に注目した投資家が動くためです。9月末までの高配当利回り銘柄の季節性も、月末から5営業日前後までで終わってしまいます。したがって、実際にこの季節性による儲けを享受するためには、3月と9月の月末から5営業日より前で手仕舞うタイミングを誤らないことが重要です。

ところで、一般に株式市場でよく言われる季節性はほかにもあります。たとえば、年初に低ＰＢＲ銘柄が上がるという季節性もあります。

機関投資家が運用の実務を行う際にはこうした季節性を考慮するケースも少なくないのですが、配当取りの季節性のような明確な理由がないものも多いので、一般の投資家にはあまりおすすめしません。

季節性というと、投資指標の効果より、相場全体の動きで注目されるケースが大きいようです。古くから日本にあるよく知られた相場格言として、「節分天井・彼岸底」があります。

これは、相場は節分の時期である2月上旬に天井となり、その後、お彼岸のとき（3月下旬、9月下旬の彼岸を取り上げる説もあるようです）に底となるパターンがあるということです。

アメリカでも、相場が暴落するのは10月が多いという「10月効果」が言われます。世界恐慌の始まりは１９２８年10月でした。また、１９８７年10月のブラックマンデーもよく知られています。このように、10月になると、投資家が暴落の歴史をイメージするなどして神経質になり、それがさらに株安を引き起こすと言われています。

これら以外にも多くの季節性があります。ただ、その理由に関して明確な説明が難しいものがほとんどです。

コラム

金融業の投資指標

運用のプロの間でも悩ましいのが、金融業の会社の評価です。

一般に金融業とは、東京証券取引所の業種分類で「銀行」「証券」「保険」「その他金融」です。

これらの業種では、一般の事業会社と財務データの記帳方法が違っていたり、財務の項目の意味が異なっていたりします。たとえば、一般の会社では商品などを販売すると売り上げが計上されます。しかし、銀行の本業はお金を貸す（融資）ことですので、売上高というものがありません。

このように、財務諸表の表記が異なったり、意味が違ったりするのであれば、一般の事業会社と同じ基準で指標を算出することが難しくなります。

また、銀行の場合、みなさんがお金を預けるということは、銀行から見るとお金を借りていることになります。銀行のメインの仕事は、みなさんから借りたお金をまとめて、一般の事業会社に貸すことです。

借り入れが多い場合、単純には負債が多くなり、自己資本が小さくなります。したがって、一般の事業会社と同じルールで自己資本比率を計算して比較することはできません。

では、金融機関の投資指標はどのように使えばよいのでしょうか。ＰＢＲ、配当利回り、ＰＥＲ、ＲＯＥ、増益率、リビジョンを、投資期間や投資環境に合わせて使うことをおすすめします。

なお、銀行には営業利益という項目がありません。銀行では業務純益がこれに当たります。また、銀行株の売上高に当たるものは経常収益となります。売上高を使った投資指標のＰＳＲ（「株価÷１株当たり売上高」）や、営業利益を算出項目で用いるＥＶ／ＥＢＩＴＤＡなど、計算ができない投資指標は考えなくてもよいでしょう。

【第3章】

中期投資で勝つ指標の使い方

01 ＰＥＲを軸に銘柄を選ぶ

▼利益が平均値に戻っていく理由

序章で、投資をする際の心構えを説明しました。投資をする際には、次の4つの期間の設定を考える必要があります。①1年未満の短期投資、②1年から3年未満の中期投資、③3年から7年未満の長期投資、そして④7年以上の超長期投資の4つです。自分に合った投資期間については、今後、お金を使うニーズに応じて考えるとよいでしょう。

ここからは、1年から3年未満の中期投資での最適な投資戦略を解説していきます。中期投資で成功するためには、ＰＥＲをベースに投資指標を活用する方法をおすすめします（ＰＥＲについては63ページ参照）。どうしてＰＥＲが良いのでしょうか。

これは、利益の平均回帰性があるためです。機関投資家は、ミーンリバージョン（mean reversion）とも呼びます。第1章のＰＥＲの項でも説明しましたが、簡単に言うと、多くの会社は、業績が厳しくなったとしても、景気が循環して業績が元の方向に戻りやすいということです。

たとえば、景気が悪くなって住宅が売れなくなっても、景気が回復するとまた住宅が売れるようになります。あるいは、景気が悪くなって自動車が売れなくなっても、再び景気が回復すれば、また売れるようになります。

このように会社の売上高は、景気循環に連動して、良くなったり悪くなったりします。ですので、景気が後退して利益が減少したとしても、長期的に見ると再び回復する傾向があります。これが利益の平均回帰性です。

こうした利益の平均回帰性に関しては、もう1つ重要なポイントがあります。先ほどの説明は、景気の山や谷に連動するという過去からの動きを見たものですが、同じ業種内でのほかの銘柄との比較を考えてみましょう。

たとえば、ある会社がヒット商品を生んだとします。少々古い例ですが、ソニーのウォークマンを取り上げてみましょう。ウォークマンは大ヒットしましたが、それにならってほかのメーカーも同じような商品を作り始めました。

このように、あるメーカーでヒット商品が出ると、その会社の売上高は増大して、利益が大きくふくらみます。しかし、他社もそれに追随した商品を出すため、業界の競争が厳しくなり、最初にヒット商品を生み出したメーカーの利益率もだんだんと下がっていってしまいます。これが業界内の利益の平均回帰性です。

これ以外にも、たとえば、大ヒットのゲームソフトを生んだゲーム会社は一時的に利益がふくらみますが、持続的に大ヒットを出すことは難しいため、利益が減少しやすくなることも利益の平均回帰性の原因となります。つまり、いろいろな面から見て、利益は平均回帰する傾向があるということです。

▼割安株にひそむ罠

運用業界では、利益の平均回帰性を投資指標でもう少し具体的に定義するために、ROEの平均回帰性という表現をよく使います。ROEは「純利益÷自己資本」で求めます（ROEについては133ページを参照）。

ROEの平均回帰性に関して言えば、分子の利益面だけでなく、分母の自己資本面の変化も重要な要因となります。

ある年のROEが高い会社は、その年の利益の水準が高いということです。その利益は翌年どこに行くのでしょうか。配当などで社外に出さなければ、次の年は、利益剰余金として自己資本に合算されます。このため、翌年の自己資本は大きくなります。

もし、翌年も今年と同じ利益を獲得したとしたらどうなるでしょうか。分子は変わらな

図表 3-1　ROE の平均回帰の理由

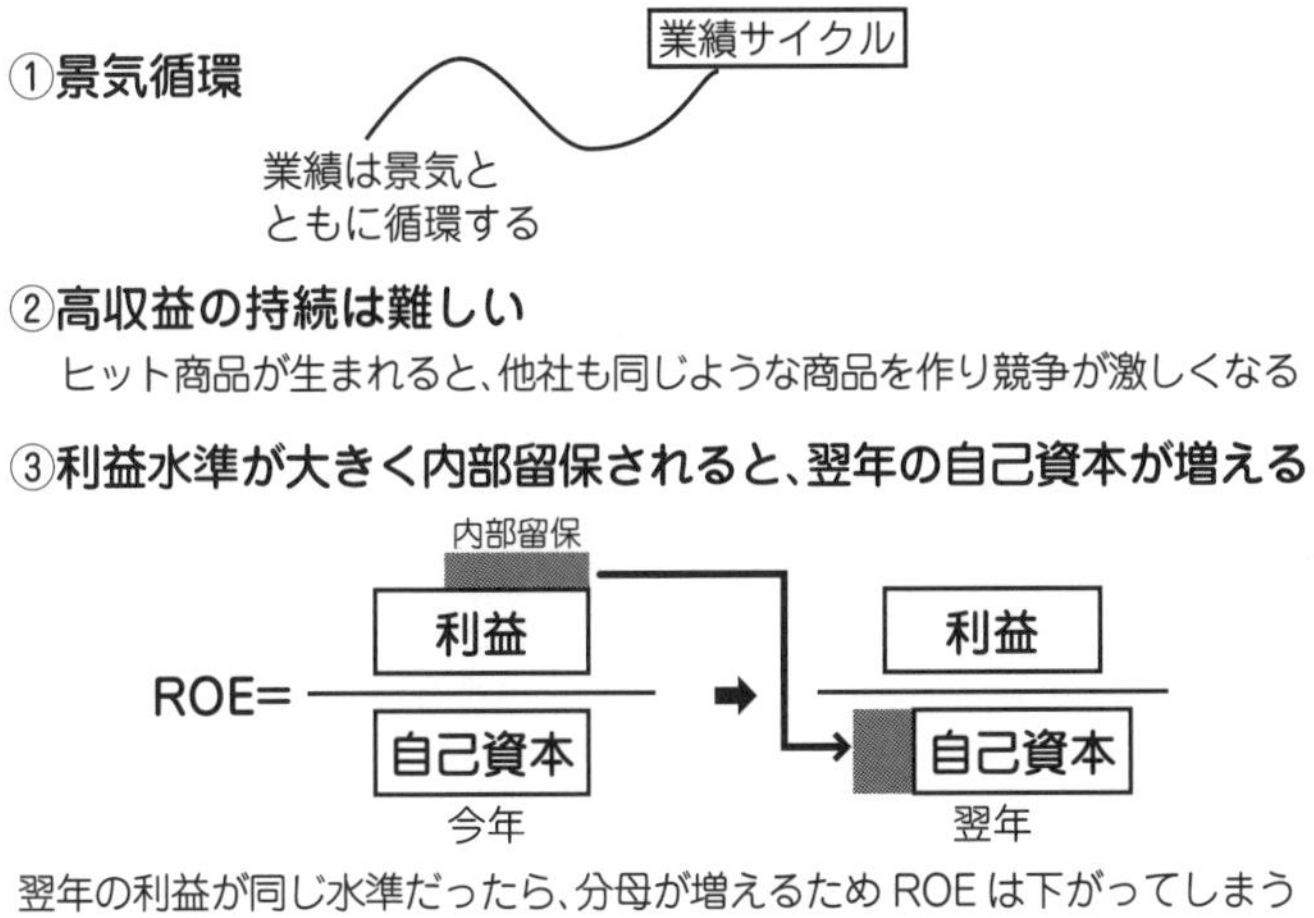
①景気循環
業績サイクル
業績は景気と
ともに循環する
②高収益の持続は難しい
ヒット商品が生まれると、他社も同じような商品を作り競争が激しくなる
③利益水準が大きく内部留保されると、翌年の自己資本が増える
内部留保
利益
ROE=
自己資本
今年
利益
自己資本
翌年
翌年の利益が同じ水準だったら、分母が増えるため ROE は下がってしまう

い一方、分母の自己資本が大きくなったことで、ＲＯＥは低下してしまいます。利益が大きくＲＯＥが高い会社は、配当などで株主還元をしなければ、翌年の自己資本が増えてしまい、高いＲＯＥを持続することが難しくなってしまうのです。そのため、ＲＯＥは低下しやすい傾向があります。

平均回帰性は、ＰＥＲを使ううえでもとても重要なことです。

ＰＥＲが低くなるケースは、①株価が下がる、②利益が増える、の2つのパターンがあります。ただ、②の利益が増えて低ＰＥＲになる場合よりも、①株価が下がって低ＰＥＲになる方が圧倒的に多いと言えます。なぜならば、利益が増える（増益）ときは、株価もそれに先んじて上昇するから

図表3-2　PERが下がる2つの理由

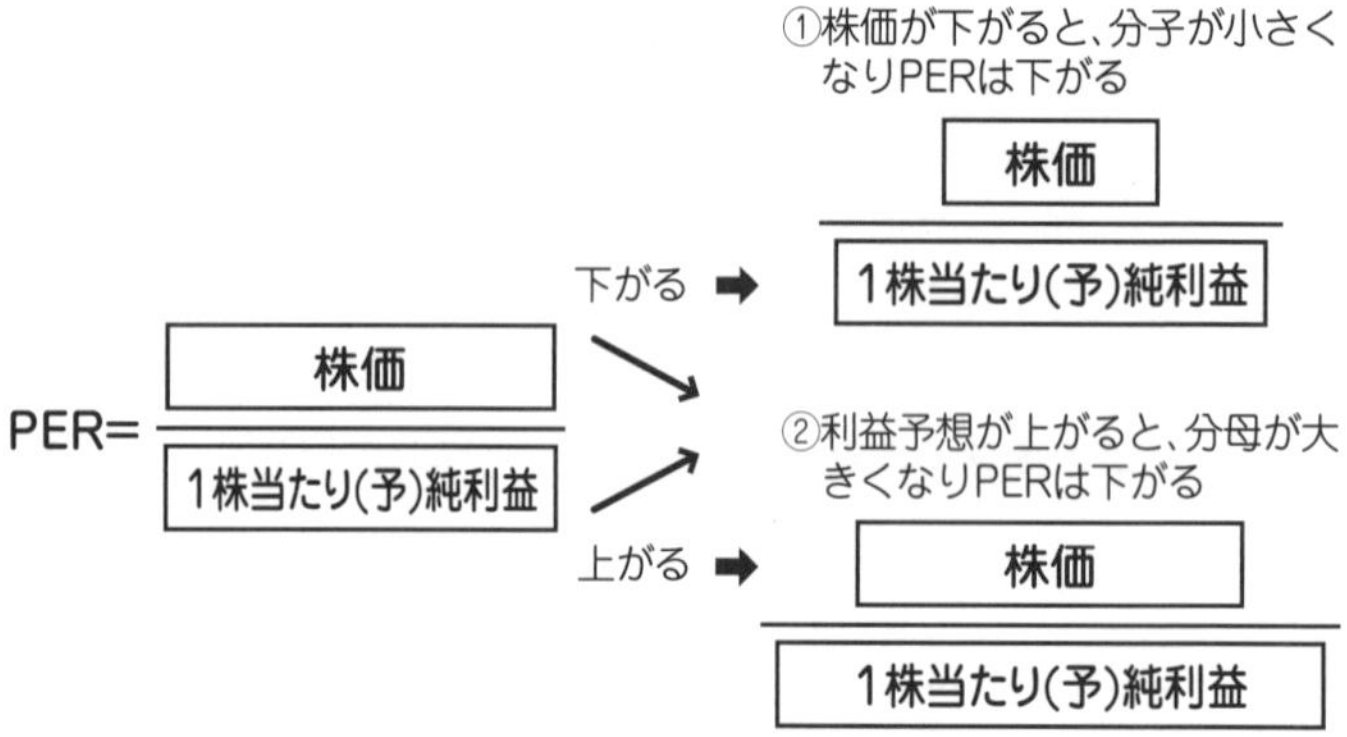

です。利益が上がるとさらに株価が上がってしまうため、結局、ＰＥＲは上昇してしまう場合が多いのです。

そこで、①の株価が下がって低ＰＥＲになる場合を考えます。株価が下がるのにはさまざまな理由がありますが、将来の利益が減少することを見越して、株価が下がるケースが少なくありません。

そうなると、「株価が下がって低ＰＥＲの割安株になった」と思っていたら、その後、利益も下がってしまい、低ＰＥＲではなくなってしまうことも考えられます。１６１ページでも触れましたが、これは運用業界ではバリュートラップ（バリューの罠（ワナ））と呼ばれています。低ＰＥＲで割安なバリュー株と思ったら、実はワナだったということです。

ここで、平均回帰性が重要になります。利益が一時的に下がったとしても、利益に平均回帰性があれば、その後は再び利益が戻ってくるのです。こうした利益の回復を見込んで、再び株価が上昇します。つまり、バリュートラップにはまらずに、低ＰＥＲ投資がうまくいくのです。

こうした利益の平均回帰性は、３年のサイクルでよく見られます。ＰＥＲを使った投資が中期投資の軸としてもっとも適応する理由は、利益の平均回帰性で見られる３年のサイクルが、ちょうど中期投資の期間に合うためです。

利益が減り続ける場合もある

平均回帰性があるなら、バリュートラップに陥ることはないはずでは、と思う人もいるでしょう。しかし、この平均回帰性は、あくまでも平均的な傾向にすぎません。

確かに、多くの銘柄に平均回帰性が見られます。しかし、経済環境や業界環境、個別銘柄の特殊性など、さまざまな要因により利益の平均回帰性が崩れるケースが見られます。

たとえば、先ほど、ソニーのウォークマンの例を紹介しました。ソニーは、ウォークマンを１９７９年に発売して大成功しましたが、その前の１９６８年には独自のトリニトロン方式による画期的なカラーテレビを発売し、ヒットさせています。また、パソコンの分野ではＶＡＩＯ（バイオ）、家庭用ゲーム機の分野ではプレイステーション（ＰＳ）など、

図表 3-3　低 PER 投資はバリュートラップに注意

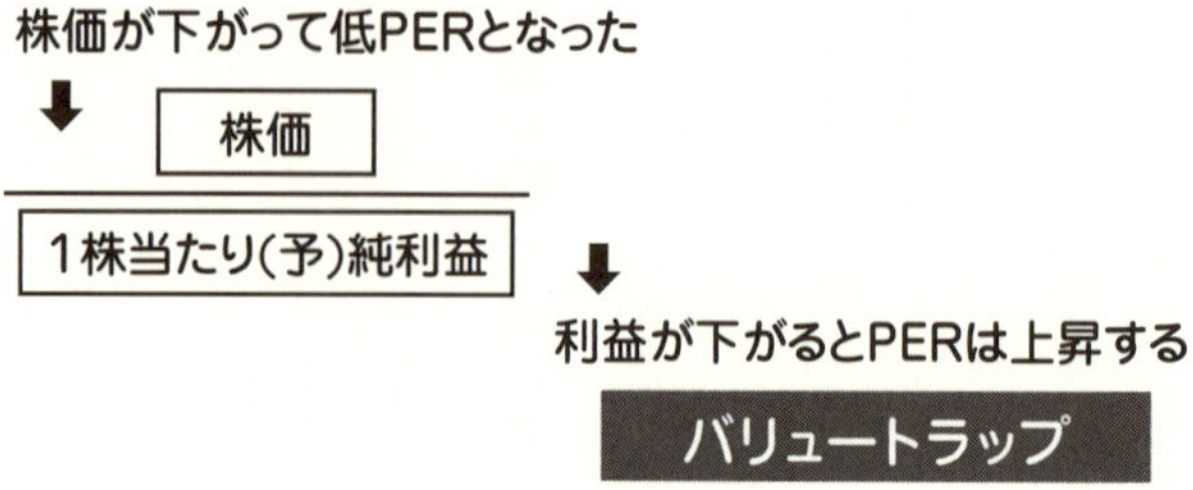
株価が下がって低PERとなった
株価
1株当たり(予)純利益
利益が下がるとPERは上昇する
バリュートラップ

次々にヒット商品を生み出し、２０００年代前半までは、利益は、ある程度の山や谷はありましたが、長期的に成長を続けてきました。

　このようなケースは、利益の平均回帰性は長期的に見て小さかったと見られます。利益が伸び続けていくこうした会社がある一方、利益が減少してもなかなか復活できない会社も少なからずあります。

　利益が回復しなければ、株価も下がります。利益回復のシナリオが見られない場合、投資家の期待がなくなりますので、株価が低位に張りつき、低ＰＥＲのままになってしまいます。こうしたバリュートラップを防ぎ、低ＰＥＲ銘柄に投資する方法を説明していきます。

02 クオリティ投資――質の良い高ROE銘柄を選ぶ

ROEはどうすれば高くなるのか

中期投資では、PERを軸に銘柄を選別していくのですが、バリュートラップを防ぐには、PERだけを使えばよいわけではありません。PERに、クオリティを合わせて投資するのが最適です。

クオリティとは会社の質の意味です。機関投資家の間でも明確な定義はありませんが、収益性（利益の水準）が高く、資本効率性（資本を上手に活用している）が高く、それらが長期的に安定している、というのが会社の質とされています。よりわかりやすく投資指標としてとらえる場合には、私は次のようにまとめています。

① ROEが高い
② ROEが安定している（足下のROEが高くて、将来も持続性がある）
③ 財務安定性が高い（自己資本比率が高い）

具体的に説明していきます。

②のＲＯＥの安定を見るためには、売上高営業利益率を使います。「営業利益÷売上高」で求められます。

営業利益は、売り上げから製品の原価（品物を調達するためのコスト）と、人件費や宣伝費など製品を売るために使ったコスト（販売費及び一般管理費）を引いたものです。売上高営業利益率が高いということには２つの意味があります。

１つめは、ブランド力があるなどで、価格をあまり低く設定しなくても売れるということです。薄利多売を行うと、売り上げが多くても利益は小さくなってしまいます。

２つめは、生産や販売などを効率的に行うため、コストが低く抑えられているということです。

会社は、これら２つを別々に考えるのではなく、戦略的に利益率が高まるような経営を行います。そして、利益率が高い会社は、景気の波があっても、ほかの会社と比べて相対的に利益が安定します。

③の自己資本比率については、第１章のＲＯＡの項でも説明しました（１４１ページ参照）。負債を増やしてレバレッジを高めることでも、ＲＯＥを高くすることができます。この点は後で詳しく説明します。

図表3-4　ROEの3指標分解

$$\text{ROE}=\frac{\text{純利益}}{\text{自己資本}}=\frac{\text{純利益}}{\text{売上高}}\times\frac{\text{売上高}}{\text{総資産}}\times\frac{\text{総資産}}{\text{自己資本}}$$

利益率	資産回転率	レバレッジ
コストを下げて利益を高めているか?	資産を上手に活用して売り上げを増やしているか?	少ない自己資金でどれだけ大きな事業ができているか?

ROEは、図表3－4の3つの指標に分解できます。

ROEを高めるということを、まず利益率の面から考えましょう。利益率は売上高に対する利益ですから、残り（「売上高―利益」）のコスト（費用）を下げる努力をする必要があります。つまり、リストラなどのコストカットで、利益率を上げることができます。

次に、資産回転率（「売上高÷総資産」）を上げるにはどうしたらよいでしょうか。分子の売上高を上げ、総資産を下げることが必要です。総資産を下げるためには、資産を売却したりするリストラが重要となります。また、前者の売上高を高めるためには、商品や製品をたくさん売らなければなりません。

そして、最後のレバレッジ（「総資産÷自己資本」）は、利益率と資産回転率とは異なり、事業活動面ではなく財務活動面での対応が必要です。たとえば、借入金の比率を増やすと、「総資産÷自己資本」が高まります。つまり、総資産のなかに占める自己資本の割合を減らすということですので、借り入れを増やせば、この比率を高めることができます。

しかし、このように借り入れの比率を増やすことでROEを高めることは、本当に会社のクオリティが高いと言えるのでしょうか。借り入れが多いと、景気が厳しくなる局面で、信用リスク面での不安が高まる可能性があります。簡単に言うと、経営が苦しくなったときに、借り入れていたお金を返せるか、また、返さないといけない期限が来たときに、またお金を借りられるか、です。

自己資本比率はレバレッジの逆数で、分子と分母を入れ替えて「自己資本÷総資産」で計算するものです。自己資本比率が高いということは、信用リスクを意識しないで企業活動が営めることから、質が高い会社と考えられます。

クオリティが高いということは、ROEが高いうえに、利益率が高く、レバレッジでROEを高めていないということです。一般には、それぞれ業種の平均などと比較して高い方が良いと見ます。

▼銘柄を選別する３つのステップ

低ＰＥＲ銘柄をクオリティで絞り込む手法には、少々注意が必要です。高ＲＯＥで利益率が高い高クオリティ銘柄は、基本的に、将来の経営の好調を株価に織り込んでいるため株価が高い銘柄が多く、低ＰＥＲになりにくいからです。

市場での価格形成を見ると、高クオリティ銘柄は高ＰＥＲに、低クオリティ銘柄は低ＰＥＲになる傾向があります。このため、高クオリティで低ＰＥＲの銘柄はなかなかありません。そこで、低ＰＥＲという点をより重視して、低ＰＥＲ銘柄のなかでクオリティが悪くはない銘柄という絞り込み方をするとよいでしょう。

実際の中期投資の銘柄選別のルールを説明します。

第１段階は、第１章のＰＥＲの項で説明したように、ＰＥＲが15倍以下の銘柄のうち、業種内で割安から３割以下（業種別の３割ラインは１４５ページ参照）を満たす銘柄を、まずは低ＰＥＲ銘柄のベースとします。

第２段階では、ＲＯＥと売上高営業利益率の水準をチェックします。これらについては、業種内での平均値以上であれば条件クリアと考えましょう。業種別の平均値は、ＲＯＥは１３７ページ、売上高営業利益率の平均値は図表３－６に掲載しています。

図表 3-5　中期投資の低 PER &高クオリティ選別方法

第1段階　低 PER 銘柄の特定

①純利益チェック

$$60\% < \frac{\text{予想純利益}}{\text{予想経常利益}} < 70\%$$

Yes → 予想純利益を使って予想PERを求める

No → 予想経常利益×0.65＝予想純利益として予想PERを求める

②予想 PER が 15 倍以下

③予想 PER が業種内で低い方から3割以下

第2段階　クオリティチェック

①予想 ROE が業種内平均値以上

②予想売上高営業利益率が業種内平均値以上

第3段階　財務安定性チェック

自己資本比率が業種内で低い方から2割未満は除外

第3段階が自己資本比率のチェックです。これも特に低自己資本比率（高レバレッジ）銘柄を除外するという方法を取りましょう。業種内で低い方から2割未満の銘柄（2割の水準は60ページ参照）を除外します。そのなかで、東証1部企業、かつ、ある程度の流動性（売買しやすさ）があることを考慮して、時価総額３００億円以上のなかから、ＰＥＲの低い銘柄に注目しましょう。

▼PBRとROEを合わせて使う

クオリティ投資では、ＰＢＲを使う方法もあります。ＰＢＲが低く、ＲＯＥが高い銘柄は、プロの運用実務でも、割安なクオリティ株としてよく注目されます。

図表 3-6　売上高営業利益率の業種別平均

業種番号	業種名	値	順位	業種番号	業種名	値	順位
1	水産・農林	4.3%	25	16	電気機器	14.2%	4
2	**鉱業**	**37.9%**	**1**	17	輸送用機器	8.6%	15
3	建設	5.1%	23	18	精密機器	10.9%	10
4	食料品	9.4%	12	19	その他製品	6.1%	19
5	繊維製品	5.6%	22	20	電気・ガス	4.3%	24
6	パルプ・紙	3.4%	26	21	陸運	13.5%	6
7	化学	9.3%	14	*22*	*海運*	*2.5%*	*28*
8	医薬品	12.6%	7	23	空運	9.4%	13
9	*石油・石炭*	*-0.4%*	*29*	24	倉庫・運輸	5.8%	21
10	ゴム製品	12.0%	8	**25**	**情報・通信**	**15.5%**	**3**
11	ガラス土石	10.7%	11	*26*	*卸売*	*3.1%*	*27*
12	鉄鋼	5.9%	20	27	小売	7.3%	16
13	非鉄金属	6.8%	18	32	不動産	14.2%	5
14	金属製品	6.8%	17	**33**	**サービス**	**17.3%**	**2**
15	機械	11.6%	9				

（出所）大和証券資料より抜粋
（注）上位３業種は太字、下位３業種は斜体
2015年３月現在

ＰＢＲが低い割安株でありながら、ＲＯＥが高いということは、高収益の可能性があります。足元は売り込まれていても、将来は高ＲＯＥが評価されて、株価が上昇するかもしれません。これが、低ＰＢＲで高ＲＯＥ投資の基本的な考えです。

さて、低ＰＢＲで高ＲＯＥとはどういう状態なのか、改めて考えてみましょう。実は、運用実務で株式評価に使われる、重要な関係が隠されています。

「ＰＢＲ＝ＰＥＲ×ＲＯＥ」という関係です。これを図で表すと、図表３－７のようになります。縦軸はＰＢＲ、横軸はＲＯＥを取ります。このように示すと、グラフの傾きがＰＥＲを意味します。

低ＰＢＲで高ＲＯＥというのは、どのあたりにある銘柄になるでしょうか。図表で言えばＡの領域です。このあたりの銘柄のＰＥＲは、原点＝０まで直線を引いた傾きになります。

一方、高ＰＢＲで高ＲＯＥだとどうなるでしょうか。図表で言えばＢの領域です。原点までの傾きが、Ｂの領域の方が大きいですね。すなわち高ＰＥＲになります。

今度は、低ＰＢＲで低ＲＯＥだったらどうなるでしょうか。Ｃの領域になりますが、この場合もＡの領域と同じ直線が引けることになります。この直線上にあると、ＰＥＲが同じになります。

これでわかるのは、低ＰＥＲ銘柄には、①低ＰＢＲで高ＲＯＥ、②低ＰＢＲで低ＲＯＥ、の２つのパターンがあることです。①の低ＰＢＲで高ＲＯＥの銘柄は、低ＰＥＲ、低ＰＢＲ、さらに高ＲＯＥと、３つの好条件がすべてそろった良い銘柄なので要注目です。

こうした銘柄を探す方法は、第１章のＲＯＥの項でも触れましたが、ＲＯＥが業種の上位から３割以内の銘柄のなかで、低ＰＢＲの銘柄を選別するとよいでしょう。

図表 3-7　PBR と ROE の関係

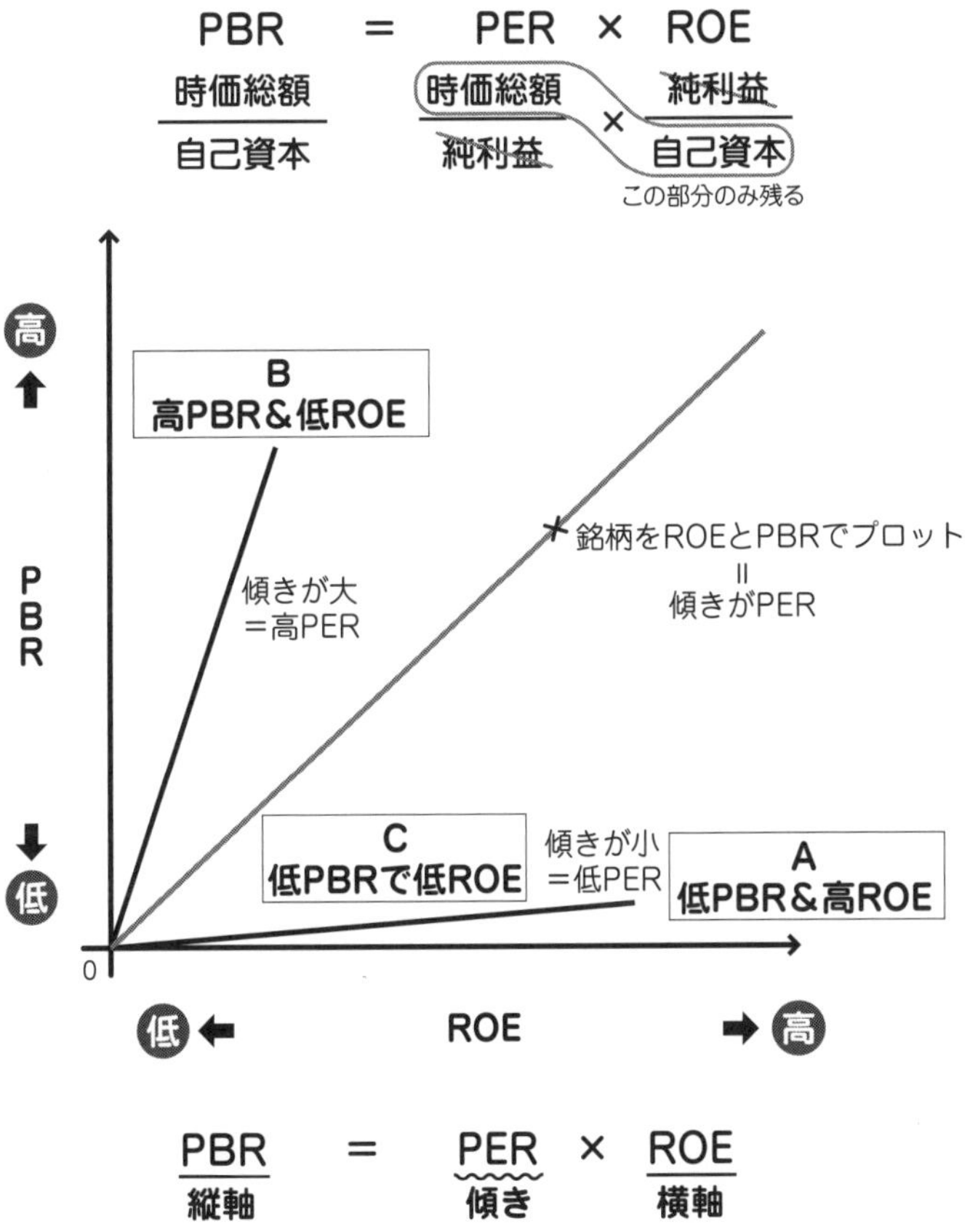
PBR = PER × ROE
時価総額 / 自己資本
時価総額 / 純利益
純利益 / 自己資本
×
この部分のみ残る
高
PBR
低
B
高PBR＆低ROE
傾きが大
＝高PER
銘柄をROEとPBRでプロット
＝
傾きがPER
C
低PBRで低ROE
傾きが小
＝低PER
A
低PBR＆高ROE
0
低
ROE
高
PBR = PER × ROE
縦軸　傾き　横軸

コラム

自社株買いが招く投資指標の困難

会社はだれのものかということは、昔から議論されてきた大きなテーマです。会社を立ち上げて、苦労して大きくしてきた社長は、「会社は経営者のもの」と思っているかもしれません。会社に長い間勤めている会社員だと、「会社は社員のもの」と思う人もいるでしょう。

もっと大きな視点からは、会社は良い商品を世の中に提供して、人々の暮らしを豊かにするためにあるという考え方もあります。この点からは、「会社は消費者や社会全体のもの」という議論もあります。

しかし、近年は、「会社は株主のもの」という見方が主流になってきました。つまり、みなさんが株を買えば、会社はみなさんのものとなるのです。ピンと来ないかもしれませんが、法律的に見てもそうなります。

しかし、これまで日本では、「会社は株主のもの」という考え方があまり重視されてきませんでした。このため、株主のために経営するという意識が低かったと指摘されています。したがって、多くの会社では株主の価値があまり高められてこなかった

図表1　ROEの日米欧比較

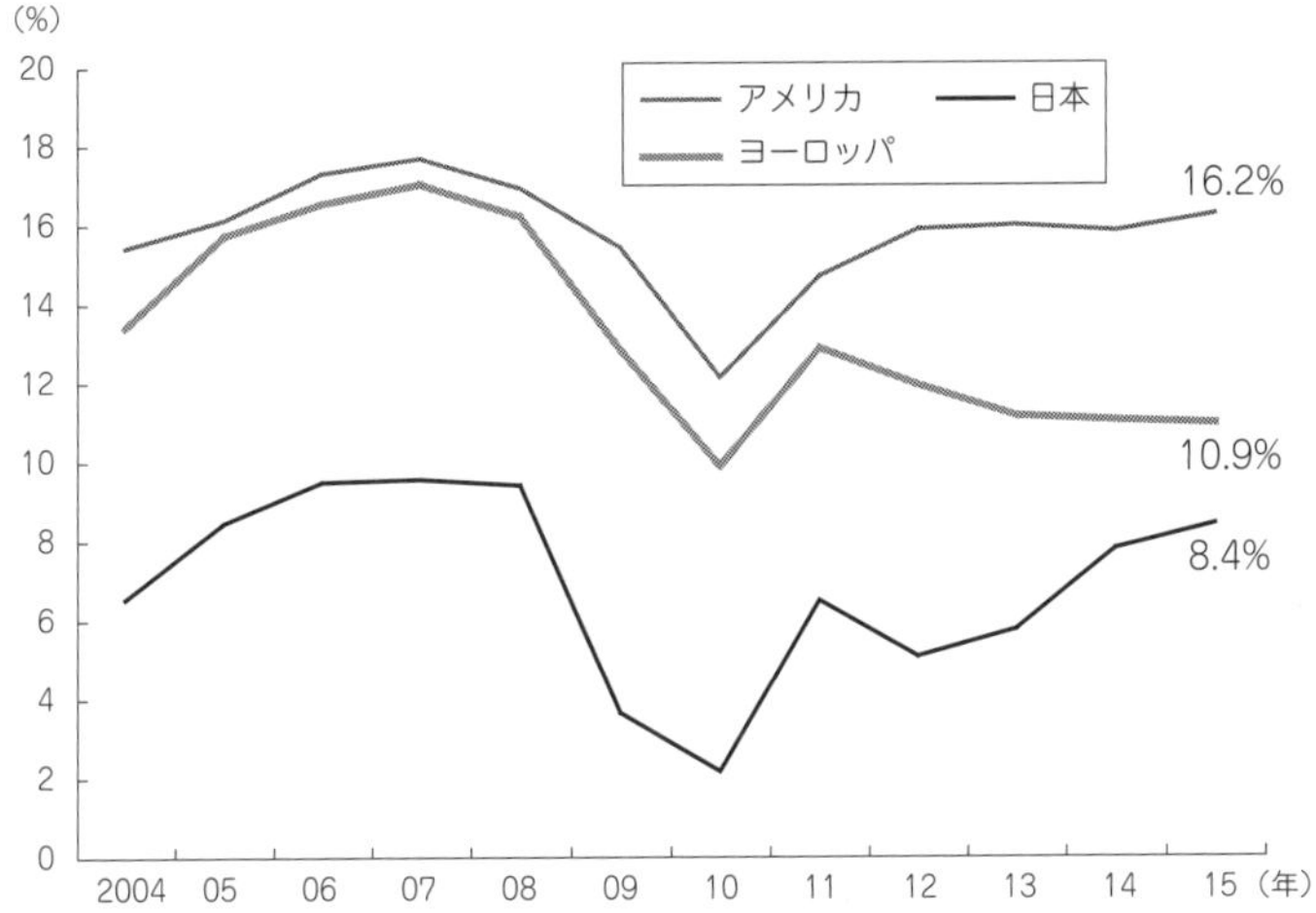

(出所) 大和証券資料より抜粋
(注) 米国はS&P500、日本はTOPIX、欧州はSTOXX600

ようです。1つの象徴が、外国企業と比べて、日本企業のROE（自己資本利益率）が低いことです。

最近は、日本企業の間で、投資家への魅力を高めるため、ROEを高める努力が見られます。ROEは「純利益÷自己資本」で求められるので、分子の純利益を増やすか、分母の自己資本を減らすことでROEは高まります。

分母の自己資本を減らす方法の1つが、自社株買いです。会社が保有している現金（キャッシュ）を使って、株式市場から自社の株式を購入するのです。

会社のなかで保有している自社株を金庫株と呼びます。

金庫株は、株式を消滅させる消却という処理をするケースがあります。一方、消却されずに、再び市場に売り出されることもあります。したがって、時価総額を計算する際は、この金庫株の分も含めて発行済み株式数とします。

企業評価をする際は、細かく言うと、この金庫株の扱いを意識する必要があります。

配当利回りを考えてみましょう。配当利回りは、「1株当たり配当金÷株価」で求めます。ある会社に投資するとき、1株保有するのに必要な投資額が株価です。これに対して、もらえる配当は1株当たり配当金ですから、この配当金を株価で割って、どの程度の利回りになるかを考えるわけです。

これを、会社全体で考えてみます。通常、会社の配当の支払い総額は、「1株当たり配当金×発行済株式総数」となります。これを、会社全体の時価総額（「株価×発行済株式総数」）で割れば、配当利回りが出ます。配当利回りの分子と分母に発行済株式総数がありますので、結局は、先ほどの1株当たりベースで計算するものと式が同じになります。

しかし、金庫株を持っていたらどうでしょうか。会社側は金庫株分は配当を支払う必要がありません。自社で保有しているからです。したがって、金庫株がある場合には、「会社が支払う配当金総額÷時価総額」では配当利回りが求められなくなります。

図表2　金庫株の配当利回りのイメージ

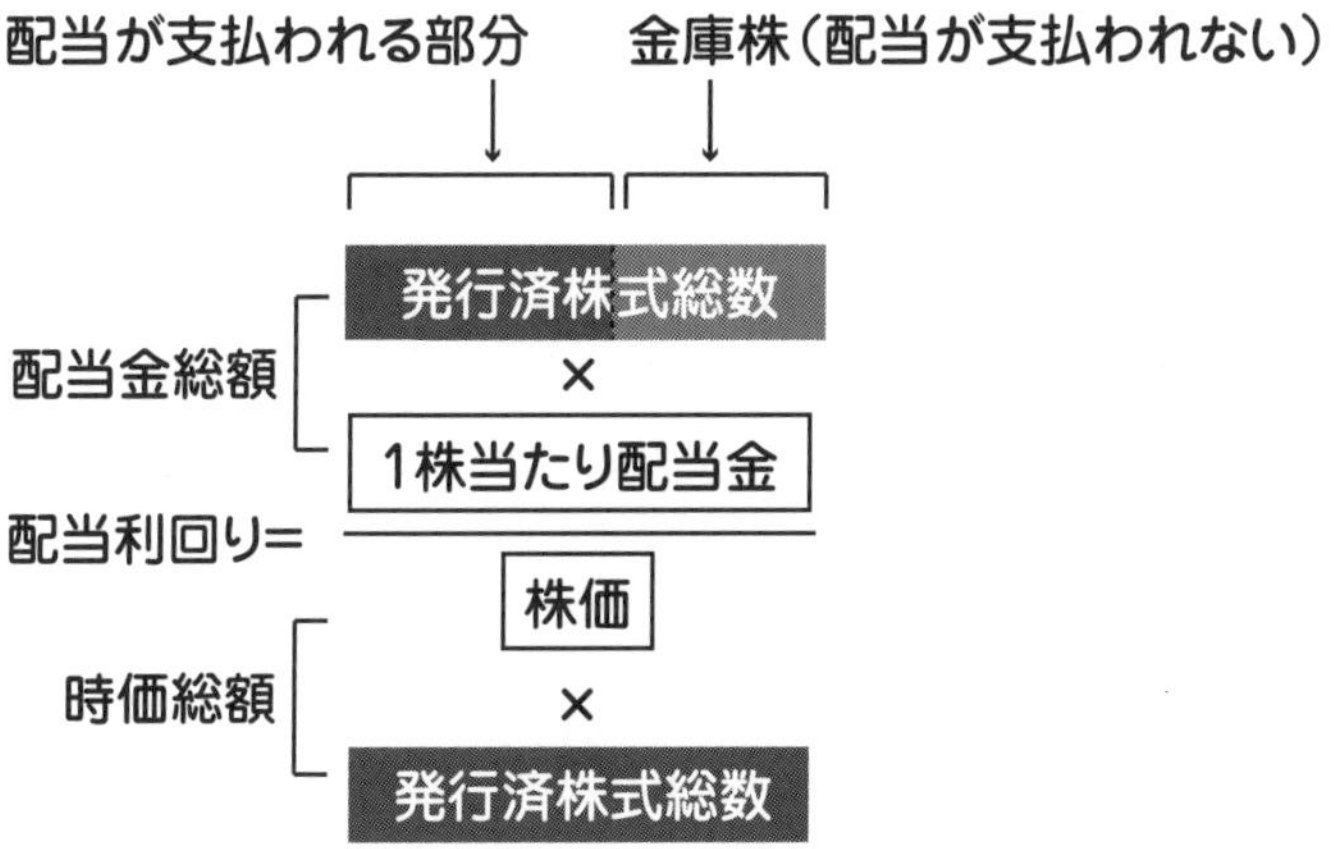

実は、配当利回りだけでなく、PERなども同様です。1株当たりの計算が必要な投資指標は、会社全体の合算ベースで計算すると、本来の値から少しずれてきます。

ですので、できるだけ1株当たりベースの数値を使って計算しましょう。しかし、実際の運用実務でスクリーニングなどをするときは、計算を簡単にするため、合算ベースで計算するケースが少なくありません。本書も、わかりやすく説明することを目的としているため、合算ベースでの投資指標の算出方法も紹介しています。

【第4章】

Fスコア戦略で割安株を探る

01

超長期投資は低PBR銘柄で勝負

序章では、投資期間をきちんとイメージすることがとても重要だと説明しました。簡単に振り返ってみましょう。

投資をする際には、次の4つの期間設定を考えます。①1年未満の短期投資、②1年から3年未満の中期投資、③3年から7年未満の長期投資、そして④7年以上の超長期投資です。これらの投資期間は、これからお金を使うニーズに合わせて考えるとよいでしょう。

これから、長期投資、超長期投資に最適な投資戦略を解説していきます。

まず、7年の超長期投資ではどのような戦略が良いのでしょうか。まずは、第1章のＰＢＲの項で紹介したＰＢＲ投資の手法をおすすめします。超長期でじっくり保有するのであれば、シンプルに低ＰＢＲ銘柄を選ぶのがもっとも良いでしょう。

ところで、ここで確認しておきたいのが株を保有する期間です。7年間投資をするということは、低ＰＢＲの株を買って7年間売らずに保有するという意味ではありませんので注意してください。

図表 4-1　低 PBR 投資の銘柄の見直し

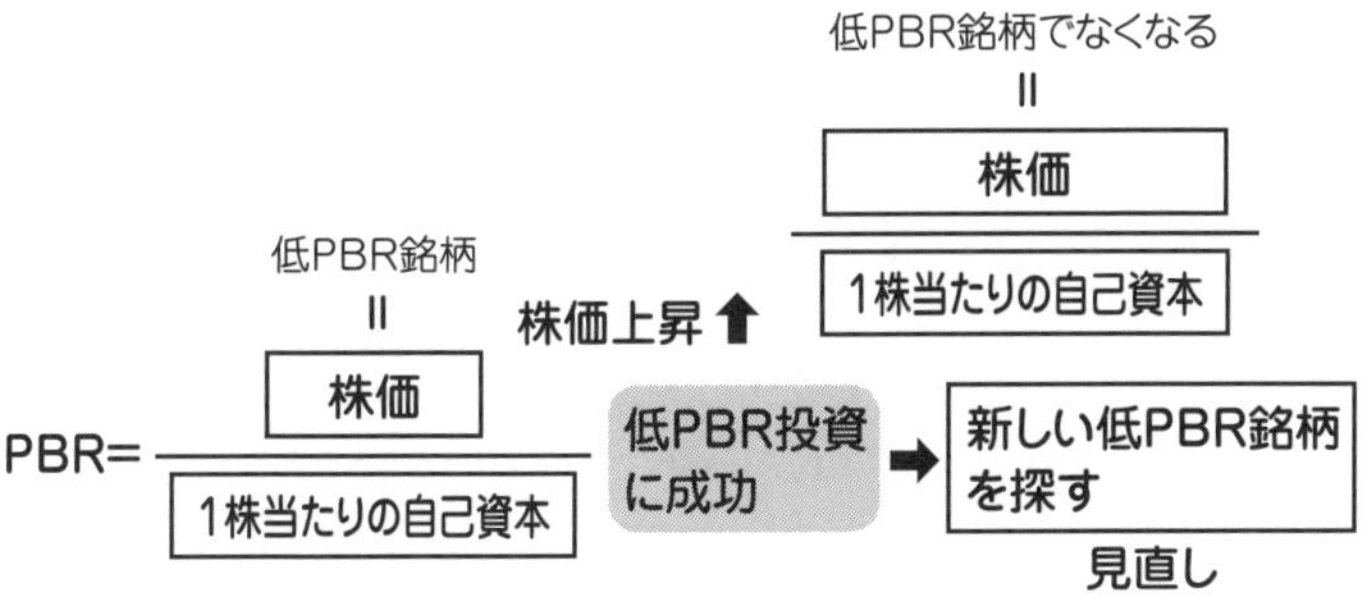

39ページの図表1－4で、毎年、年末にPBRの低い方から30銘柄を購入したときの1年間のリターンを示しました。ここで確認したいのは、銘柄選びに成功すると株価が上昇するため、PBRも上がるということです。そうなると、低PBR銘柄ではなくなってしまいます。だから、毎年、銘柄を見直して、低PBR銘柄を選び直すのです。

超長期投資でおすすめするのは、あるとき（年末に限る必要はありません）に低PBR銘柄を30銘柄買って、それを年に1回見直すという方法です。

しかし、30銘柄も買うことが難しい場合もあります。実際には、予算の問題で、どれか1～2銘柄程度を選別しないといけない場合が少なくないでしょう。ここでは、こうした場合の銘柄の絞り込みの方法を説明していきます。

02

超長期投資に向く銘柄選別の4段階

超長期投資は、投資の期間が非常に長いことから、次の2つが大きなポイントとなります。

① 株価の上昇余地が大きい可能性があるが、今すぐ上がってくれるかわからない。

② 保有期間が長くなる可能性があるため、下値は限定的な方が良い。

上がる可能性があるけれども下がりにくいと聞くと、「そんなおいしい銘柄があるのか」と疑うかもしれません。認識しておくべき点は、魅力はあるが今すぐ上がってくれるかわからない銘柄ということです。だからこそ、超長期投資に向いた銘柄ということになります。

実際にこうした銘柄を選別するためには、どうしたらよいのでしょうか。まずは、低ＰＢＲ銘柄の選別です。先に、東証1部で低ＰＢＲの30銘柄を等金額で投資するという方法を紹介しました。

ここでもこの方法が有効なのですが、東証1部全銘柄のＰＢＲを把握できない人もいる

図表 4-2　超長期投資の銘柄選び

超長期投資のポイント

①株価の上昇余地が大きい可能性があるが、今すぐ上がってくれるかわからない

②保有期間が長くなる可能性があり、下値が限定的

↓

実際の選別

①PBR が 0.8 倍以下

↓

②自己資本比率が業種内で2割未満を除く

↓

③予想経常利益がプラス（黒字予想）

↓

④配当利回りが高い銘柄（2%以上）

でしょう。そこで、単純に、①PBRが0・8倍未満というスクリーニングから第1候補を選別していきます。

さらに、②自己資本比率で選別します。自己資本比率は第1章で業種別にチェックする必要があると説明しました。そこで述べたように、業種内の下から2割未満の銘柄を除外します。ちなみに、銀行、証券と保険、その他金融は自己資本比率の考え方が難しいので、ここでは取り上げません。

ところで、なぜ自己資本比率をチェックする必要があるのでしょうか。超長期で保有することを前提とすると、会社の財務の将来を考えなければいけません。PBRが低いということは、会社の解散価値よりも市場の価値が低いということです。これは、

投資家から見放されている銘柄になっている可能性があります。

投資家から見放される理由にはさまざまなケースがありますが、たとえば、赤字が続く場合には、銀行からお金が借りにくくなり、会社の存続が危うくなる可能性があります。

自己資本比率が高い会社は、借入金などの負債の比率が低いと言えます。お金の調達の苦労が少ないので、低ＰＢＲでも危険度が小さいと見られるのです。

次に、③予想経常利益がプラスの会社を選別しましょう。大きな資産を売却して利益を稼いでプラスとなる可能性があるため、純利益ではなく、経常利益を見ることがポイントです。

最後に配当利回りです。配当利回りが高い銘柄を選びましょう。上記の①〜③で選んだなかから、配当利回りが高い銘柄を選ぶという方法でもかまいません。また、２％以上という基準で銘柄を選ぶのも良いでしょう。

03 長期投資で活きるFスコア戦略

次に、3年〜7年未満の長期投資での銘柄の選び方を紹介します。

3年〜7年未満の長期投資での銘柄の選び方も、7年以上の超長期投資での銘柄の選び方と考え方のベースは同じです。つまり、PBRを軸にした銘柄選別をするということです。

ただ、大きく異なる点があります。超長期投資の場合は、「上昇余地が大きい可能性があるが、今すぐ上がってくれるかわからない」銘柄を選ぶ方法でした。一方、3年から7年未満の長期投資では、「今すぐ上がってくれるかわからない」という点はある程度考慮したとしても、投資期間がより短いので、もう少し前に上昇を感じられる必要があります。

こうした銘柄を選別する手法がFスコア戦略です。

超長期投資は、低PBR銘柄のうち投資家が評価していない銘柄を買って、そのなかから将来の復活を期待するという、消極的とも言える戦略です。ただ、こうした戦略は、投資家の評価がなかった分、株価の大きな上昇が期待できます。しかし、じっくり待たなけ

図表4-3　Ｆスコアのチェック項目

番号	項目		内容
F1	ROA	1	ROAがプラスの場合
		0	それ以外の場合
F2	ROA改善	1	ROAが前年のROAを上回った場合
		0	それ以外の場合
F3	MARGIN改善	1	今期営業利益率が前年の営業利益率を上回った場合
		0	それ以外の場合
F4	CFO	1	CFOがプラスの場合
		0	それ以外の場合
F5	LIQUID改善	1	流動比率が前年の流動比率を上回った場合
		0	それ以外の場合
F6	LEVER改善	1	負債比率が前年の負債比率を下回った場合
		0	それ以外の場合
F7	TURN改善	1	資産回転率が前年の資産回転率を上回った場合
		0	それ以外の場合
F8	ACCRUAL	1	営業ＣＦが営業利益を上回った場合
		0	それ以外の場合
F9	EQ_OFFER	1	前年度に普通株を発行していない
		0	それ以外の場合

ればなりません。

長期投資でも、こうしたじっくり待つ戦略は悪くはありません。しかし、投資するための期間が短くなった分、より積極的な戦略をとりたいところです。そこで登場するのが、ピオトロスキー（Piotroski）のＦスコア戦略です。ピオトロスキーは、アメリカのスタンフォード大学の会計学者です。

アメリカでは、このＦスコア戦略は広く知られており、Ｆスコアのスクリーニングツールをインターネット上で提供しているところもあります。

Ｆスコア戦略とはいったいどのような戦略なのでしょうか。

まず、第1段階は、先ほどの超長期

図表 4-4　Fスコア投資のパフォーマンスの検証

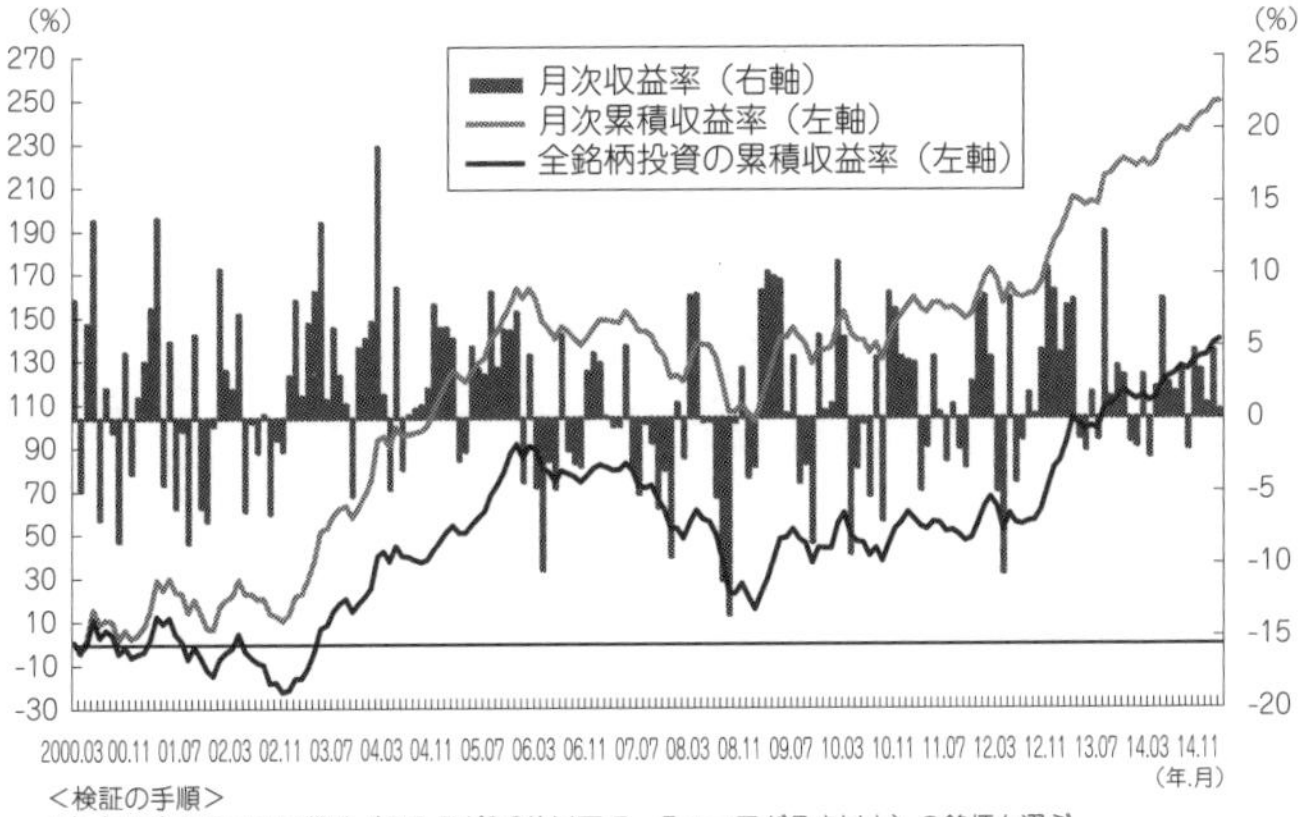

<検証の手順>
1）毎月末でFスコア戦略（ＰＢＲが0.8倍以下で、Ｆスコアが７点以上）の銘柄を選ぶ
2）それらの銘柄の翌月の単純平均リターンを求める
3）毎月、累積していく（単純に前月までの値に当月のリターンを足す）
3）一方、東証１部のすべての会社の単純平均を計算して同様に累積リターンを計算する

（出所）大和証券資料より抜粋

戦略と基本的に同様で、低ＰＢＲからの選別です。最初のスクリーニングは少しゆるめに考えて、東証１部の低ＰＢＲから４００銘柄をピックアップします。あるいは、単純にＰＢＲが０・８倍未満というスクリーニングから第１候補を選別する方法も効果的です。

第２段階は、各社のＦスコアを計算します。図表４－３に示すようなチェック項目があります（詳しくは次節で説明します）。

それぞれのチェック項目をクリアしたら１点とし、合計得点が７点以上の会社に投資します。

実際に合計得点が７点以上の会社の、過去のパフォーマンスを検証をした結果が図表4－4です。

ここでは、東証1部企業で、毎月PBRが低い方から2割に入っている銘柄を選び、そのなかでFスコアが7点以上の銘柄に等金額で投資した場合、東証1部の会社への平均的な投資や、単に低PBR銘柄に投資した場合よりも良い成績となりました。

04 Fスコア戦略の使い方

次に、Fスコア戦略の意味について説明します。少々専門的な内容ですが、重要な点なので詳しく述べます。実際にFスコア戦略を実行するときは、この節の内容をしっかり理解することをおすすめします。

Fスコア戦略で使われるスコアは、次のようなものです。会社の財務状態を測るため、「収益性」「財務レバレッジと流動性」「経営効率」の3つの観点からピオトロスキーは9つの財務指標を選んでいます。

そして、先に述べたように、分析対象とする会社のF1－F9までの指標をチェックし、基準をクリアしたら1点、そうでなかったら0点を与えて、合計得点が7点以上の銘柄に投資します。

ここでは、3つの項目別に、各指標を選んだピオトロスキーの考え方を解説し、実際のデータの使い方も説明していきます。

収益性を見る

収益性は、経常的に利益やＣＦを生み出しているかどうかを見るものです。会社の収益性を見ることで、株主価値を高められるかを測ります。具体的には、ＲＯＡ、ＣＦＯ（シーエフオー）、ＲＯＡの改善、ＡＣＣＲＵＡＬ（アクルアル）を使っています。

ここでは、利益とキャッシュフロー（ＣＦ）という2つの代表的な収益性を表す指標として、ＲＯＡとＣＦＯが用いられています。ＲＯＡの計算には営業利益を使うとよいでしょう。また、ＣＦＯとは営業ＣＦの総資産に対する比率で、「営業ＣＦ÷総資産」で求めます。

これらの指標がプラスだと1点です。分母となる総資産はマイナスにはなりませんので、利益と営業ＣＦがプラスということを意味しています。

いずれの数値も予想データを使うのが最適です。予想ＲＯＡは「予想営業利益÷実績総資産」です。予想ＣＦＯとは、予想ＥＢＩＴＤＡのことです。「（予想営業利益＋予想減価償却費（なければ実績））÷実績総資産」となります。

ＲＯＡの改善は「予想ＲＯＡ－前期実績ＲＯＡ」で求めます。前期実績ＲＯＡは、「前期の実績利益÷前々期の総資産」で計算します。分母の総資産については、一般に実績Ｒ

ＯＡを計算する場合、対象とする年度の年度末と前年度末の総資産を足して２で割り、平均を取るケースも見られますが、簡便に前年度末の総資産で良いでしょう。

ＡＣＣＲＵＡＬは利益とＣＦの関係を見たもので、ここでは「実績営業ＣＦ－実績営業利益」がプラスなら１点です。

ＡＣＣＲＵＡＬは、プロの投資家がしばしば使うものです。第１章のＰＣＦＲのところで利益とＣＦの関係を説明しましたが（90ページ参照）、代金の回収が遅れ、利益は計上できてもＣＦの数字に反映されないケースは、お金が回収できない可能性がある利益として、少し注意する必要があります。そのため、ＡＣＣＲＵＡＬをチェックするのです。

▼財務レバレッジと流動性を見る

財務レバレッジと流動性の観点では、ＬＥＶＥＲ（レバー）の改善、ＬＩＱＵＩＤ（リキッドの改善）、ＥＱ－ＯＦＦＥＲ（イーキューオファー）が用いられます。

低ＰＢＲの会社は、ＰＢＲが１倍を割れるなど、解散価値よりも株価が売り込まれるケースがあります。こうした会社は、資金調達などの財務面で厳しい状況を強いられることも少なくありません。財務面の状態をチェックすることは重要です。財務レバレッジの上昇や流動性の低下、あるいは増資をするケースは、財務リスクが高まっている可能性を示します。

まず、ＬＥＶＥＲの改善は、会社の長期的な負債の変化をとらえたものです。総資産に対する長期負債の比率の変化を示します。財務レバレッジの上昇は、財務面でネガティブな兆候かもしれません。負債の増大は、財務的に厳しくなってきたとも考えられます。直近の実績で求めた「負債÷総資産」が、その前年の「負債÷総資産」を下回っているかどうかで判断します。

ＬＥＶＥＲの改善は長期の財務健全性を見るものですが、ＬＩＱＵＩＤの変化は短期の財務健全性を見るものです。前期と前々期の流動比率の差から算出します。流動比率とは、流動負債に対する流動資産の比率です。流動比率が上昇することは流動性が改善することを意味し、債務弁済能力にとって良い兆候ととらえられます。「流動比率＝流動資産÷流動負債」を計算して、前年の「流動資産÷流動負債」に対して改善しているかどうかをチェックします。

最後に、ＥＱ－ＯＦＦＥＲですが、前年度に会社が普通株を発行していない場合には、「ＥＱ－ＯＦＦＥＲ＝1」とします。会社が普通株を発行するなどして行う資金調達は、会社の発行済み株式数が増えて1株当たりの利益が低下するため、株主から見ると魅力が低下します。

▼経営効率を見る

経営効率の観点では、ＭＡＲＧＩＮ（マージン）の改善、ＴＵＲＮ（ターン）の改善の2指標が取り上げられています。

ＭＡＲＧＩＮの改善は、売上高営業利益率の前年との差です。「予想売上高営業利益率−実績売上高営業利益率」で求めます。予想売上高営業利益率は「予想営業利益÷予想売上高」、実績売上高営業利益率は「実績営業利益÷実績売上高」で算出できます。在庫費用の減少や製品価格の上昇などで利益率が改善しているということは、経営効率が良くなっていることを意味します。

ＴＵＲＮの改善は、資産回転率（「売上高÷総資産」）の前年度差です。資産回転率の改善は、資産面から見た生産性が良くなったことを意味します。「予想売上高÷実績総資産」から「実績売上高÷前期実績総資産」を引いて求めます。

こうした3つの観点から選んだ9指標は、いずれも割安（バリュー）銘柄の選別で重要な指標です。市場で割安に放置される銘柄は、収益性や財務状況に気がかりな点が存在するケースが少なくありません。したがって、Ｆスコアは、ＲＯＡがプラスであれば得点1

を与えるなど、収益性を測るうえでの評価をゆるくする一方、評価項目を多くしていることが特徴です。

Ｆスコアに用いられる指標の特徴をまとめると、次の3点になります。

まず、①財務状態の改善をベースとしていることで、指標に「改善」を使ったものが多く見られます。ＰＢＲが低い銘柄は、足元の財務状態が厳しいケースがあります。このため、財務状態の改善は、将来の株価上昇への期待につながるととらえられます。

次に、②スコアの基準が厳しくないことです（たとえば、Ｆ1では、ＲＯＡがプラスというのみで1点が与えられます）。①と同様、ＰＢＲが低い銘柄は足元の財務状態が厳しいケースがあるため、基準を厳しくしていないのです。

そして、③基準を厳しくしない分、チェックする財務項目の数を多くしています。チェック項目を幅広くすることで、低ＰＢＲ銘柄の復活を狙っています。

05 「日経会社情報」でＦスコア戦略を実践

「日経会社情報」を使って、実際にＦスコア戦略を実践してみましょう。

まず最初に、ＰＢＲが０・８倍以下の銘柄をスクリーニングする必要があります。ここでは、「日経会社情報２０１５春号」の１０７９ページに掲載されている証券コード６５９２のマブチモーターを例にあげます。マブチモーターは、自動車の電動ウインドウなどを製作する会社ですが、子どものころに車などの模型を作った経験がある人なら、その模型によく使われるモーターを作っている会社として名前を聞いたことがあるかもしれません。

「日経会社情報」を見ると、マブチモーターのＰＢＲは１・８倍です。したがって、Ｆスコア戦略の候補ではありません。ただ、ここでは、Ｆスコアのチェック方法を説明するために取り上げました。

みなさんは、まずはＰＢＲ０・８倍以下の銘柄を選び、次のような方法で銘柄を選んでみてください。

図表 4-5　日経会社情報　6592　マブチモーター

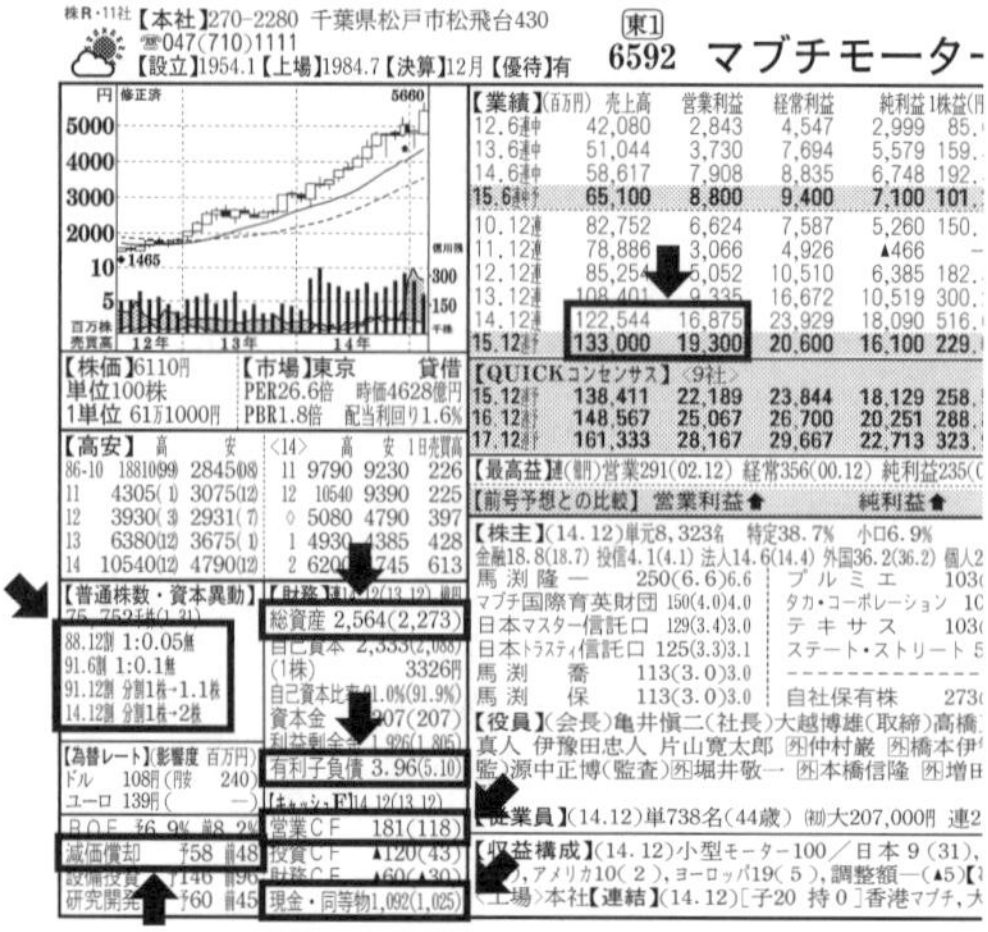

株R・11社【本社】270-2280 千葉県松戸市松飛台430
047(710)1111
【設立】1954.1【上場】1984.7【決算】12月【優待】有
東1
6592 マブチモーター

【業績】(百万円)	売上高	営業利益	経常利益	純利益	1株益(円)
12.6連中	42,080	2,843	4,547	2,999	85.
13.6連中	51,044	3,730	7,694	5,579	159.
14.6連中	58,617	7,908	8,835	6,748	192.
15.6連中予	65,100	8,800	9,400	7,100	101.
10.12連	82,752	6,624	7,587	5,260	150.
11.12連	78,886	3,066	4,926	▲466	－
12.12連	85,254	5,052	10,510	6,385	182.
13.12連	108,401	9,335	16,672	10,519	300.
14.12連	122,544	16,875	23,929	18,090	516.
15.12連予	133,000	19,300	20,600	16,100	229.

【QUICKコンセンサス】〈9社〉					
15.12連予	138,411	22,189	23,844	18,129	258.
16.12連予	148,567	25,067	26,700	20,251	288.
17.12連予	161,333	28,167	29,667	22,713	323.

【最高益】連(億円)営業291(02.12) 経常356(00.12) 純利益235(
【前号予想との比較】営業利益⬆ 純利益⬆

【株価】6110円
単位100株
1単位 61万1000円

【市場】東京 貸借
PER26.6倍 時価4628億円
PBR1.8倍 配当利回り1.6%

【高安】	高	安
86-10	18810(99)	2845(08)
11	4305(1)	3075(12)
12	3930(3)	2931(7)
13	6380(12)	3675(1)
14	10540(12)	4790(12)

〈14〉	高	安	1日売買高
11	9790	9230	226
12	10540	9390	225
◊	5080	4790	397
1	4930	4385	428
2	6200	745	613

【普通株数・資本異動】
75,752千株(1.31)
88.12割 1:0.05無
91.6割 1:0.1無
91.12割 分割1株→1.1株
14.12割 分割1株→2株

【為替レート】(影響度 百万円)
ドル 108円(円安 240)
ユーロ 139円(—)

ROE 予6.9% 前8.2%
減価償却 予58 前48
設備投資 予146 前96
研究開発 予60 前45

【財務】連14.12(13.12) 億円
総資産 2,564(2,273)
自己資本 2,333(2,088)
(1株) 3326円
自己資本比率91.0%(91.9%)
資本金 207(207)
利益剰余金 1,926(1,805)
有利子負債 3.96(5.10)

【キャッシュF】14.12(13.12)
営業CF 181(118)
投資CF ▲120(43)
財務CF ▲60(▲30)
現金・同等物1,092(1,025)

【株主】(14.12)単元8,323名 特定38.7% 小口6.9%
金融18.8(18.7) 投信4.1(4.1) 法人14.6(14.4) 外国36.2(36.2) 個人2
馬渕隆一 250(6.6)6.6
マブチ国際育英財団 150(4.0)4.0
日本マスター信託口 129(3.4)3.0
日本トラスティ信託口 125(3.3)3.1
馬渕喬 113(3.0)3.0
馬渕保 113(3.0)3.0
プルミエ 103
タカ・コーポレーション 10
テキサス 103
ステート・ストリート 5
自社保有株 273

【役員】(会長)亀井愼二(社長)大越博雄(取締)高橋
真人 伊豫田忠人 片山寛太郎 外仲村巌 外橋本伊
監)源中正博(監査)外堀井敬一 外本橋信隆 外増田

【従業員】(14.12)単738名(44歳) 初大207,000円 連2

【収益構成】(14.12)小型モーター100／日本9(31),
アメリカ10(2),ヨーロッパ19(5),調整額—(▲5)
〈工場〉本社【連結】(14.12)[子20 持0]香港マブチ,大

（出所）「日経会社情報 2015 春号」

まず、図表4－6のチェック表を用意します。全部で9つの項目をチェックします。チェック項目はピオトロスキーのものをベースにしていますが、以下の改良を加えています。

① できる限り予想値を用いています。株価は将来の予想で動くからです。

② F5の項目は、流動比率ではなく、「現金・同等物÷総資産」の改善としています。短期的な会社の支払い能力を見るために、キャッシュがどの程度増えたか、というシンプルな指標を採用しています。

〈F1〉ROA

予想ROAを計算すると、「予想営業利

図表4-6　Fスコアのチェック表

番号	指標		内容	チェック欄
F1	ROA	1	予想ROAがプラスの場合	
		0	それ以外の場合	
F2	ROA 改善	1	予想ROAが実績ROAを上回った場合	
		0	それ以外の場合	
F3	MARGIN 改善	1	予想営業利益率が実績営業利益率を上回った場合	
		0	それ以外の場合	
F4	CFO	1	予想EBITDA÷総資産がプラスの場合	
		0	それ以外の場合	
F5	CASH 改善	1	現金・同等物÷総資産が前年度を上回った場合	
		0	それ以外の場合	
F6	LEVER 改善	1	負債比率が前年の負債比率を下回った場合	
		0	それ以外の場合	
F7	TURN 改善	1	予想資産回転率が前年度を上回った場合	
		0	それ以外の場合	
F8	ACCRUAL	1	営業CFが営業利益を上回っている場合	
		0	それ以外の場合	
F9	EQ_OFFER	1	前年度に普通株を発行していない場合	
		0	それ以外の場合	
			合計	

益１９３億円÷総資産２５６４億円＝７・５％」となりプラスです。チェック表に「１」を入れます。

ROAがプラスかどうかは、予想営業利益を見れば簡単にわかります。総資産は必ずプラスだからです。ですので、単純に予想営業利益がプラスかどうかをチェックしましょう。

〈F２〉ROAの改善

予想ROAが実績ROAを上回っているかどうかをチェックします。これは実際に計算しなければいけません。F１で計算したように、予想ROAは７・５％です。前年実績「実績営業利益１６９億円÷総資産２２７３億円＝７・４％」から改善しています。チェック表に「１」を入れます。

〈F３〉MARGINの改善

予想営業利益率が実績営業利益率を上回っているかチェックします。予想営業利益率は「予想営業利益１９３億円÷予想売上高１３３０億円＝14・５％」です。これに対して、前年の実績営業利益率は「実績営業利益１６９億円÷実績売上高１２２５億円＝13・８％」ですので、改善しています。チェック表に「１」をつけます。

〈F４〉CFO

「予想EBITDA÷実績総資産」がプラスかチェックします。分母の総資産は必ずプラスですから、予想EBITDAを見ます。予想EBITDAは「予想営業利益１９３億円＋予想減価償却費58億円＝２５１億円」ですから、プラスです。そこで、チェック表に「１」を入れます。

〈F５〉CASHの改善

「(現金＋現金同等物)÷総資産」が前年を上回ったかをチェックします。実績の「現金

＋現金同等物」は１０９２億円です。これを総資産の２５６４億円で割ると０・43です。前年の「（現金＋現金同等物）１０２５億円÷総資産２２７３億円＝０・45」と比べると、下がっています。条件がクリアされなかったので、チェック表に「０」を入れます。

〈Ｆ６〉ＬＥＶＥＲの改善

「実績有利子負債÷総資産」の前年比をチェックします。注意が必要なのは、全9項目のなかで、この指標だけは前年から下回れば1点を与えることです。レバレッジが下がるということは、財務健全性が高まることを意味するからです。

実績有利子負債は３・96億円、総資産は２５６４億円ですから、レバレッジは「３・96億円÷２５６４億円＝０・15％」です。これに対して、その前の年の実績は「５・10億円÷２２７３億円＝０・22％」であるため、レバレッジは前年を下回りました。したがって、チェック表に「１」を入れます。

〈Ｆ７〉ＴＵＲＮの改善

予想資産回転率の改善をチェックします。予想資産回転率は「予想売上高÷実績総資産」ですから、「１３３０億円÷２５６４億円＝51・９％」です。これに対して、前年実績は、

「１２２５億円÷２２７３億円＝53・9％」です。予想値は実績より下がっています。これは条件がクリアされなかったので、チェック表に「０」を入れます。

〈Ｆ８〉ＡＣＣＲＵＡＬ

営業ＣＦが営業利益を上回っているかをチェックします。営業ＣＦ１８１億円に対して、営業利益は１６９億円ですので、営業ＣＦが上回っています。したがって、チェック表に「１」を入れます。

〈Ｆ９〉ＥＱ－ＯＦＦＥＲ

最後のチェックは前年度に普通株を発行したかどうかです。前年度というのは、前年の実績の期間です。このケースでは、２０１４年１月から２０１４年12月が前年度になります。２０１４年12月に株式分割をしていますが、それ以外は何もしていません。条件をクリアしているので、チェック表に「１」を入れます。

最後に、点数を合計しましょう。合計点は7点で、条件をクリアしました。このようにして、自分できちんとチェックすることがとても大切です。

06

Fスコア戦略は超長期投資には向かないのか

Fスコア戦略は、超長期ではなく、長期投資に向いています。先にも触れましたが、超長期投資より早い時期に株価が上がりそうな銘柄を探す確率を高める一方で、投資家から過小評価されていて、将来大きく上がる余地があるものの、上がる時期がよくわからない銘柄を排除できるからです。

超長期で見ると、投資家から過小評価されていた銘柄の上昇率は非常に大きくなりますので、超長期投資では、Fスコア戦略よりもシンプルな投資の方が収益を大きくできるのです。

図表 4-7　超長期投資と長期投資の違い

超長期投資

PBR が低く市場で割安に評価されている

⬇

上昇余地はあるが、いつ上がるかがわからない

長期投資

PBR が低く市場で割安に評価されている

⬇

財務諸表が改善する傾向で、上昇の確率が高まる

しかし、みなさんのなかには、超長期投資とはいってもそのような消極的な戦略ではがまんできないと考える人もいるかもしれません。そういう人は、超長期投資においても、Fスコア戦略を実践するとよいでしょう。

おわりに

株式投資は、一発大儲けしようという「投機」をしていては、なかなかうまくいきません。これまで説明してきたように、さまざまな投資指標を適切なタイミングで使って、合理的に会社の価値を評価することが大切です。

そのために、さまざまなデータや理論を駆使しました。可能な限り正確にわかりやすく説明したつもりですが、それでもなお正確さやわかりづらさを欠く部分があるとすれば、それはすべて私の責任です。なお、データの一部は、私が所属する大和証券投資戦略部クオンツチームの資料から抜粋しています。

この本を執筆するうえで、多くの方々に支えていただきました。とくに日本経済新聞出版社の小谷雅俊氏には編集でお世話になりました。厚く御礼申し上げます。

・本書の内容は、すべて筆者の個人的な見解です。所属する団体の見通しや意見とは関係がありません。
・本書は株式投資の参考となる情報の提供を目的としており、特定の金融商品の推奨や投資勧誘を意図するものではありません。最終的な投資の判断は、ご自身の判断と責任で行ってください。

【著者紹介】
吉野貴晶(よしの・たかあき)
大和証券チーフクオンツアナリスト
1965年埼玉県生まれ。千葉大学卒業。筑波大学大学院博士課程修了（システムズ・マネジメント博士）。山一証券などを経て、2002年大和総研に入社。10年より現職。日経ヴェリタス人気アナリストランキング・クオンツ部門で、02年から15年まで14年連続1位を獲得。青山学院大学大学院（MBAコース）非常勤講師。日本金融・証券計量・工学学会（JAFEE）評議員。
著書に『株のジンクス』（日本経済新聞出版社）『サザエさんと株価の関係』（新潮新書）『株式投資のための定量分析入門』（日本経済新聞社）がある。

No.1アナリストがいつも使っている
投資指標の本当の見方

2015年 6月8日　1版1刷

著者　吉野貴晶

発行者　斎藤修一
発行所　日本経済新聞出版社
http://www.nikkeibook.com/
〒100-8066　東京都千代田区大手町1-3-7
電話(03) 3270-0251 (代)

ブックデザイン　吉村朋子
DTP　タクトシステム
印刷・製本　中央精版印刷

ISBN978-4-532-35644-6